基本経済学視点で
読み解く

アベノミクス
の功罪

水野勝之 [著]
Mizuno Katsushi

中央経済社

序

●アベノミクスの功罪

2012年から2020年まで8年近く続いた（第2次－第4次）安倍晋三内閣の経済政策をアベノミクスと呼んだ。安倍一強といわれ，次々に独自の経済政策を展開した。だが，2020年にコロナ禍が発生し，アベノミクスは，ただ長かっただけではないか，いやしっかりした成果を残した，といった議論を呼び起こすように，あいまい化してしまった。そこで本書では，そのアベノミクスの功罪を著者独自の見解でまとめるとともに，コロナ禍から経済回復を行うべきポストアベノミクス方策について論じることにする。

本書でのコンセプトとなるアベノミクスの功罪をあげてみよう。まず，功罪の「功」のほうである。次の点でアベノミクスの功績はいくつもあった。筆者は，次のことを「功」とみなしている。

- 物価を上げずに景気を拡大させ，低失業率を継続し続けた！
- 先人たちの無駄な公共事業をよみがえらせて，社会で役立てた！
- 1つの内閣で2回も消費税率を引き上げた！

物価を上げることが目標で，それに達していないと批判されるが，物価が上がらないことのほうが我々は暮らしやすい。批判点ではない。これらについて，経済学の視点から本文でゆっくり述べよう。

では，アベノミクスの功罪の「罪」のほうはどうだろうか。こちらも著者独自の見解である。

株価市場を日銀や年金資金で支えすぎ，社会主義化させてしまったこと。つまり，切磋琢磨がなくなり，技術力の優れた企業が育たなかった。イノベーション力を持つ名だたる巨大企業といえば，アメリカや皮肉にも本来の社会主義国の中国の企業となった。台湾，韓国の企業も負けてはいない。

それに対して，日本では，戦後のソニー，ホンダ，その後の20世紀中に日本

経済をリードした富士通，NEC，任天堂，京セラなどが発揮していた先端力がなくなった。いまの日本の大企業は，世界に誇れる技術力を有しているといえるであろうか。

　小泉内閣が公的資金で金融機関を本格的に救済し始めてから，社会主義化が始まり，結局日本経済をこじんまり化させてしまった。企業を小粒化させてしまった。シュンペーターのいう創造的破壊（＝古く陳腐化した企業はつぶれ，新しいイノベーション企業が台頭することにより，経済は衰退せず成長し続ける）が成り立っていない。この「罪」についても本文で述べることにしよう。

●見えづらいアベノミクスの成果

　第2次以降の安倍政権の経済政策をアベノミクスと呼んだ。1980年代のアメリカのレーガン大統領の経済政策について，「レーガン」と「エコノミクス」を合わせて，レーガノミクスと呼んだ。それにならって，「アベ」と「エコノミクス」を合わせてアベノミクスと呼んだのだ。アベノミクスという名称については，長期政権になったので，アベノミクスと名付けておいてくれて，呼びやすくてよい。「201○年に第2次−第4次安倍政権が行った○○は……」というように，いちいち長く説明していては煩わしい。本書を書くのにも便利である。

　アベノミクスの内容は，たくさんあってわかりにくい。行動経済学に決定回避という心理がある。選択肢が多すぎると，決定することができなくなってしまうというものである。橋本之克（2020）によれば，2015年にマクドナルドがメイン11種類，サイド5種類，ドリンク20種類から好きな組み合わせを選ぶセットを販売したが，この組み合わせはなんと1,000通り以上もあり，消費者が決定することができなくなってキャンペーンは早々に終わってしまったそうだ。

　安倍政権もうまくいったものもうまくいかなかったものも「自分たちの政権のおかげで大成功した」と言い続けたので，成果のようなものがありすぎて国民はわけがわからなくなってしまった。成果になっていないものも，言葉を巧みに使いながら成果扱いとしてしまうので，本当にうまくいった「これぞ成

果！」が国民にはどれがどれだかわからなくなってしまっている（＝世界のどの指導者もそうではあるが……）。

　渋沢栄一についての説明文を見ると，功績がありすぎてわけがわからなくなるほどであるが，それに似ている。ただし，渋沢栄一の場合は歴史的評価から本当の功績と見なされるが，アベノミクスの場合，本当にすべてが功績というわけではなさそうだ。読者の方々も，アベノミクスの成功点は何かと問われると即答できないであろう。だからといって，アベノミクスがうまくいかなかったかというと，そういうわけではない。

　筆者が本書で紹介するように，世間では触れられていないアベノミクスの大成功が数々あった（＝筆者はそれだけでもレガシーと思うのだが）。経済政策というのは，一方に良ければ他方に良くないという性質（＝経済学では競合関係という）を持っている。そのことによって問題点も目立つが，アベノミクスが評価に値する功績をいくつか残しているのは事実だ。政府の正負両方の点が国民に見えるのは，為政者にとって避けて通れない。

●アベノミクスの総括と今後

　はたして，全体としてアベノミクスは成功したのかそうでなかったのか。アベノミクスとはどういう内容のものであったか。改めて問われると答えにくい。確かあれはアベノミクス，だけれどこっちの政策はアベノミクスのような気もするし，そうでないような気もする……というように，さまざまな政策が浮かんでくる。本書では，これらを整理したいと思っている。

　評価に使う経済学は，元祖ケインズ経済学，そして元祖サプライサイド経済学などである。近年，経済学がいたずらに複雑化してしまい，一般の人にはわかりにくいうえ，経済の専門家でも自分の専門分野以外は理解できなくなってしまっている。わからないときは，最初に戻ろう。シンプルな元祖の経済学を物差しに，今の複雑に見える経済を評価しよう。実は，それが一番経済を理解するのに役立つ。

　本書では，アベノミクスの8年近くの経済政策の成果の検証を行うとともに，

新型コロナウイルス感染症発生後の経済復興について論じていく。これまで世間で，アベノミクスについて批判する人は批判し続ける，称賛する人は称賛し続けるというように2分化されていて，結局良かったのか悪かったのかがわかりにくかった。その点を整理する。

　本書では，アベノミクスを一方的に称賛するというわけではなく，読者の方にアベノミクスのどのような点が良かったか，悪かったかについて伝えることとした。問題点についても，世間でなされている指摘についてはそちらを読んでいただくとして，ここでは筆者が考える問題点を指摘した。アベノミクスの経済政策でのポイントを明確化させることにより，これまでの日本で行われてきた経済政策の是非を判断し，それを延長するか否かについて考えていただきたいと思っている。

　途中，2020年にコロナ禍が発生して，アベノミクスによる蓄積は吹っ飛んでしまったように感じるが，大きな改革がなされた部分も多く，たくさんのノウハウを残してくれており，日本経済の復興のヒントが多く内在されている。今後の参考になるように，アベノミクスの良い点，悪い点のポイントを評価し，総括したい。

　なお，本原稿の簡略改変版をオーディオブック（耳で聴く本）の『リスニング・アベノミクス』（水野勝之，井草剛，土居拓務，楠本眞司／ https://audio-book.jp/product/260049），『リスニング・現代日本経済史』（2020年12月時点未完），『リスニングアメリカ経済』（2021年1月時点未完）にも活用したことも付記しておく。

　最後に，本書の出版にあたっては，中央経済社の杉原茂樹氏に協力をいただいたことも記したい。氏には，『テキスト経済数学』をはじめさまざまな出版でお世話になった。心から謝意を表したい。また，本書の執筆では明治大学客員研究員土居拓務氏にさまざまな点でサポートをいただいた。謝意を表したい。

　2021年1月

水野勝之

目　　次

第 1 編 ■ 景気循環と経済の仕組み

第２編 ■ アベノミクスを検証する

第４章／アベノミクス ⋯⋯⋯⋯⋯⋯⋯⋯⋯⋯⋯⋯ *32*

第５章／アベノミクスの経済政策１ ⋯⋯⋯⋯⋯⋯ *43*

景気循環と経済の仕組み

第1章

景気の良し悪し

1．伝統的景気循環論

　景気というのは良くなったり悪くなったりする。長年生きてきた方はおわかりであろう。あるときは好調な景気がこのまま永遠に続くような気持ちになる。しかし，景気が落ち込んだときは，政府が何をやってもダメだと感じるほど出口が見えなくなる。経済は，景気が良くなったり悪くなったりを繰り返す。この繰り返しを景気循環と呼ぶ。

　景気が落ち込んだ後は，景気回復期がくる。谷から山を上がっていく様子だ。景気回復期は山腹の途中から好況の景気拡大期に入る。設備投資も新規を少し増やしたり稼働率を上げたりすることによって雇用を増やすという状況から，新たな設備投資や新規雇用をどんどん行うという状況に入る。好景気で山の頂上に達する。そのあと，景気後退期に入る。つまり山頂から谷に下っていく。谷にたどり着くとまた山を上がり始める。経済社会ではこれが繰り返される。図で表すと，**図表1－1**のように山と谷が繰り返される。

　景気循環の動きは経済学で理論化されている。経済学では伝統的な景気循環論がある。キチン循環，ジュグラー循環，クズネッツ循環，コンドラチェフ循環である。いずれもそれを提唱者の名前をとっている。

　キチン循環は，在庫（＝工場や倉庫に製品を積み増すこと）の変動によって短期的に起こる景気循環である。半年から1年の短期間の循環である。在庫が

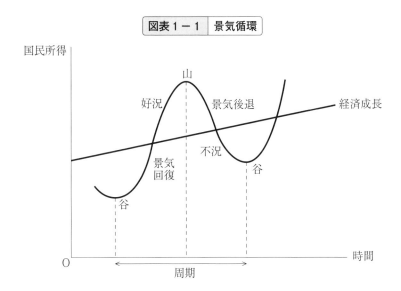

図表1－1　景気循環

増えれば企業は生産を抑える。在庫が減れば企業は生産を増やす。これが半年
から1年の周期で繰り返されるという。1923年に提唱された循環である。

　ジュグラー循環は，設備投資の変動によるものであり，おおむね10年の変動
である。好景気で企業が設備投資を続けているときに需要に陰りが見えると，
企業は稼働率を落としたり上げたりして対応する。つまり，景気の過熱状態で
は，企業はそれ以上設備投資をせず，稼働率での調整に入る。後述するが，企
業による設備投資が増えないと景気は良くならない。よって景気が悪化する。
山の山頂から谷へ下り始める。10年周期でこれが繰り返される。この循環理論
は1860年に提唱された。

　景気循環の周期が20年であるというクズネッツの景気循環は，建設需要によ
るものである。建物は，20年ごとに古くなり建て替えられる。現代ではそのよ
うに早くはないとしても，ある一定の周期でリフォームやリノベーションは必
要となろう。建設需要の増減でやってくる景気循環である。1930年に提唱され
た。

　最後のコンドラチェフの波は，50年周期の景気循環を指す。産業革命以降，

50年ごとに大きなイノベーションと景気循環があった。つまり，景気循環は，技術革新（＝技術革新はイノベーションとも呼ばれる。いわゆる画期的な技術進歩の波である）によって起きるというものである。1925年に提唱された。

　キチン循環が短期，ジュグラー循環が中期，クズネッツ循環が長期，コンドラチェフ循環が超長期と位置づけられる。これらが複合的に重なり合い，波動を形成していると解釈できる。しかし，これらはいずれも相当古い時期に提唱された循環論であることに注意すべきである。経済の仕組みや内容は，現代とは相当違う。よって，周期の長さも，現在では異なっている。

2．近年の実際の景気循環─経験則からみる─

　では，実際の経済の動きを見てみよう。1960年代の高度成長期以降現在に至るまで，景気が良くなったり悪くなったりした。次の年表は筆者の見解である。

　1960年○　高度成長期

　1974年×　第1次石油ショック

　<u>1979年×　第2次石油ショック</u>

　1987年○　1985年のプラザ合意と円高不況を乗り越えてのバブル経済

　<u>1990年×　バブル崩壊</u>

　1995年○　アメリカのITイノベーション

　<u>2000年×　アメリカのITバブル崩壊</u>

　　　　△　　小泉構造改革

　<u>2008年×　リーマン・ショック</u>

　2013年○　アベノミクス開始

　2017年○　トランプ大統領誕生

　<u>2020年×　新型コロナウイルス禍</u>

　好景気が○で，不景気の開始が×とすると，×はおおむね10年に一度やってきている。景気が良くなっても，この周期で日本経済は冷水を浴びせられている。

アンダーラインを引いたところが，おおよそ1980年，1990年，2000年，2010年，2020年の10年ごとに景気が悪化している出来事を示している。意外なのは，これらが，前述した景気循環の要因から来ているというより，1990年のバブル崩壊以外，外部的要因によっていることである。1980年には石油ショック，2000年にはアメリカのITバブル崩壊，2010年にはアメリカ発のリーマン・ショックおよび東日本大震災（2011年），2020年にはコロナ禍というように，海外の要因，自然災害（コロナ禍を含む）の要因によって引き起こされていることである。

これは，まさに経験則である。10進法での1980年，1990年，2000年，2010年，2020年に悪魔がやってくるという経験則である。

3．気の毒なアベノミクスとトランプ大統領の政策

10年ごとのこれらの経験則があるものの，それに縛られていると占いの範疇の話になってしまうので，経済学に基づく景気循環の話に戻ろう。経験則的要因があるものの，やはりそれらでの経済の変動の他の要因には，経済理論からくる景気循環論がある。

2020年のコロナ禍による10年周期の景気の落ち込み現象に遭遇したのが，アベノミクスとアメリカのトランプ大統領である。それまでのせっかくの経済運営の成功の軌跡が，自分のせいでもないのに吹っ飛んでしまった。本書は，アベノミクス，トランプ大統領が行った政策を軸に，経済学的視点から，両者の良かった点，良くなかった点などをあげ，わかりやすく説明する。

コロナ禍までとそれ以後を分けないと何が何やらわからなくなるし，アベノミクスにとってもトランプ大統領にとっても気の毒である。安倍首相の場合，10年近く政権の座にいるので，景気循環論の周期から見ると景気循環の落ち込みに一度は当たる確率が高いからやむを得ないという気もするが……。後述するが，アベノミクスには，一般的に高く評価されていること以外に，誰も触れていないような大成功の点がある。めちゃくちゃいわれ続けたトランプ大統領

1期の政策もまさに理にかなっていて，だから本書が書けるという点がある（＝経済理論どおり）。

　読む際には，新型コロナウイルス禍の前と後という区分けを頭の中でしてほしい。そうしないと混乱する。そのうえで，経済を立て直すにはどうすればよいかを考えることにすればわかりやすいであろう。

４．経済循環論に当てはめる

　景気循環の話に戻ると，主循環であるジュグラー循環での景気回復には5〜10年を要する。一度落ち込むと回復するのに長い話になりそうである。では，コロナ禍以降長期間経済は全くダメになるかというと，明るい光もないわけではない。景気循環の要因を思い出そう。

　例をあげて考えよう。インバウンドが消えて，観光バス会社は多くの使っていないバスを抱えている，新築されたホテルが稼働できないばかりか既存の宿泊施設も閑古鳥，これはまさに設備投資が過剰になっている状態に相当する。消費動向調査によれば，訪日外国人の平均滞在日数は9.1日。8泊するわけだから，3,000万人×8泊で2億4,000万泊分の宿泊施設が余分になるということである[1]。この過剰施設が邪魔になり，新しい設備投資が行われなくなってくる。中期循環であるジュグラー循環の山から転がり落ちていく部分に当たる。

　他方，AIの発展により，自動車の自動運転，ドローンでの荷物の配達をはじめ夢のような出来事が実現しようとしている。他にも，さまざまな技術開発がなされ，経済社会が一変する可能性がある。まさにイノベーションによる長期のコンドラチェフの波である。AIなど画期的な技術転換期に現在があるのは確かである。

　コンドラチェフ循環がジュグラー循環に勝てば，あるいはジュグラー循環で下降局面であってもコンドラチェフの波が地面から大きく底上げしてくれれば，景気の回復の兆しは大いにある。経済循環の存在を頭に入れながら，本書を読み進めていただきたい。コンドラチェフの大きな波の上昇局面を期待して。

5．ピンチはチャンスの代名詞

　コロナ禍での経済の落ち込みは，どれほどのものなのか，いつまで続くのか
わからない。しかし，このような大きな経済の落ち込みは短期的なマイナスは
大きいが，長期的には社会を見直して作り直すチャンスでもある。

　1929年の世界大恐慌のとき，長期にわたる経済の低迷の中でケインズ経済学
という新しい経済学が登場した。それは，その後現在に至るまでの数十年間，
経済を運営する主柱の大きな1本となった。大恐慌がなければ生まれていな
かった経済理論かもしれない。大恐慌中の10数年間の方々には申し訳ないが，
その後の人たちにどれだけの幸せをもたらしたことだろうか。

　日本も2008年リーマン・ショック，2009年新型インフルエンザ騒動，2011年
東日本大震災があり，そのあとアベノミクスという経済の好循環が生まれた。
不幸にも，アベノミクスの終盤にコロナ禍が発生した。ワクチンが世界中に行
き渡るまで，かつてのように人が自由に行き来できないかもしれない。いつま
でそれが続くかわからないし，たとえ行き来できるようになったからといって，
すぐさま経済が本格的に回復するわけでもない。

　この状況は，マイナスに思えば底なしのマイナスであるが，これまでの社会
システムを見直すきっかけにもなろう。深刻な環境問題，大きな経済格差など
多くの問題を後回しにしながら経済社会が進んできた。ここであげたイノベー
ションでの新技術の登場は，経済の成長にもつながるし，もしかしたらこうし
た解決できなかった経済問題をも解決するかもしれない。いや，してもらわな
ければ困る。

　イノベーションは，その副産物を生み出し，諸問題を解決する力がある。
JR東日本のSuicaも，当初は自動改札の役割だけが考えられていたが，いまや
キャッシュレスの貨幣として活用できるようになった。時代の変化が副産物を
生んでくれる。

　今回の経済の落ち込みによるマイナスに関して，それを取り戻すためのイノ

ベーションを積極的に行えば，このような副産物が多く生まれる可能性がある。マイナスの局面こそプラスを生む好機である。「ピンチはチャンスの代名詞」である。このことは歴史が物語っている。景気循環と同じ論理で，下がれば次に上がるわけである。新しい世界を生み出す大いなるチャンスが目の前にある。

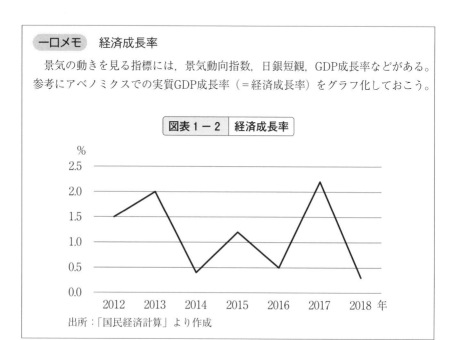

一口メモ　経済成長率

　景気の動きを見る指標には，景気動向指数，日銀短観，GDP成長率などがある。参考にアベノミクスでの実質GDP成長率（＝経済成長率）をグラフ化しておこう。

図表1－2　経済成長率

出所：「国民経済計算」より作成

第2章

リーマン・ショックと民主党政権[2]

　2012年から始まるアベノミクスを見てみる前に，その素地となった日本経済についておさらいをしておこう。2008年にリーマン・ブラザーズの破綻があり，そのあとを担ったのが民主党政権であった。

1．リーマン・ブラザーズの破綻

　2008年にアメリカの大手投資銀行のリーマン・ブラザーズが破綻した。アメリカ証券会社第4位の破綻だったため，大きな混乱となり，他の金融機関の破綻も呼び起こした。

　大きな原因は，サブプライムローンといわれている。これは低所得者向けの住宅ローンのことである。2000年ごろ，住宅建設ブームが起き，アメリカの金融機関（住宅ローン会社や銀行）が低所得者にも借りられるローンを推進した。最初は返済金利が低く，ある程度の年数がたつとその金利が高くなるというものである。当初は低金利なため，低所得者層がこれを借り入れて住宅を建設した。金融機関側も，住宅需要が活況を呈せば住宅価格が上がることになり，低所得者層もいざとなればその住宅を売却してお金を返せると踏んでいた。

　一方，金融機関は，デリバティブという金融派生商品を販売している。ローンなどを組み合わせて証券化し，商品として売り出している。前述のサブプライムローンも，他のローンなどと組み合わされてデリバティブとして商品化された。結局，その中身がわからないまま，購入側はその商品を買う。台風まで

が証券化されたこともあった。そのような安定感のない債券までもが組み合わされて商品化されるという事実があった。

　サブプライムローンについての懸念があたり，やはり金利が高くなる際に返せない人たちが続出した。住宅ローン借り入れの数年後の金利引き上げにより，返済額が倍近くになったという。その人たちは住宅を手放さざるを得なくなった。住宅価格や不動産価格が下落し，住宅バブルが破綻した。その結果，サブプライムローンが破綻し始めた。証券化することによって住宅ローン会社はそのリスクを回避していたが，リーマン・ブラザーズは，こうしたサブプライムローンを含んだ商品を多く抱えていた。そのため，2008年9月15日に米連邦破産法の適用を申請するに至ったのである。

2．リーマン・ショック

　住宅建設バブルが終わり，サブプライムローンが焦げ付くと，2008年，そのような証券化された商品を多く買っていたリーマン・ブラザーズが破綻した。もちろん，この破綻を防ぐべく，大手金融機関が買収を検討したが，損失が日本円で60兆円とあまりにも巨額であり，かつ中身がわかりにくかったため，買収はうまくいかなかった。アメリカの中央銀行にあたるFRBも，この巨額の負債に対してあまりにも少ない担保しかないリーマン・ブラザーズを見捨てた。

　リーマン・ブラザーズの破綻は金融にかかわる不信を招いた。サブプライムローンが加わった商品を買わされていた投資家たちがそれを慌てて売り始め，債券が大暴落し，その連鎖で金融破綻が広がった。株価も暴落した。このことはアメリカの中だけにとどまらず，世界中に広がり，各国の経済が落ち込んだ。これがリーマン・ショックである。

３．リーマン・ショックへの対処

　では，各国はこのリーマン・ショックにどう対処したか。意外なことに，世界中から見習われたのは日本であった。バブル崩壊後，不良債権を多く抱え大手金融機関が破綻したことから，日本政府は大手金融機関に公的資金を注入してきた。特に小泉構造改革時，優先株として発行させた株を政府が買い取ることにより，大手金融機関は政府から資金の注入を受けた。それが功を奏し，不良債権が減り，日本の経済が立て直された。これが世界経済の見本となったのである。

　まずアメリカでは，政府が公的資金を投入し，苦しんでいた金融機関を支えた。不良債権化した金融資産を政府が買い取ったうえ，大手９銀行に公的資金を注入した。しかも，金融機関を拡大解釈し，リーマン・ショックの影響を受けていた自動車産業をも公的資金で助けた。

　ヨーロッパ，EUの各国政府も，預金の全額保護，銀行間の資本取引に関する政府保証，不良債権の買い取りなどに加えて，銀行へ公的資金の注入を行った。多くの銀行が国有化された。その結果，EUの直接の銀行への資本注入額は，3,114億ユーロとなった。前述の銀行間の資本取引に関する政府保証なども加えた合計は，３兆7,193億ユーロであった。

　2009年，ギリシャで旧政権から新政権に移る段階で，財政赤字が実は旧政権が発表していた以上に深刻なことがわかり，ギリシャ危機という状況が発生した。EU各国に大きな影響を及ぼすため，EUが支援し解決を図った経緯があった。

　2010年にはアイルランドの銀行が多額の不良債権を抱え，国の経済が危機に陥った。850億ユーロ（海外から675億ユーロ，アイルランド政府から175億ユーロ）の金融支援プログラムが組まれた。それが功を奏し，2013年にこのプログラムから脱し，アイルランドは経済破綻の危機を免れた。こうした出来事をも乗り越え，EU経済は安定化した。

4．日本への影響

　リーマン・ショックは，日本経済にも大きな影響を与えた。アメリカ経済の落ち込みは，ドル相場の下落として現れた。ドルが急速に値を崩した。これはドル安である。ドル安の裏返しは円高である。2008年以降，異常な円高に見舞われ，円は70円台をつけるに至った。なぜ急激な円高に至ってしまったか。他国の利下げが進む中，日本銀行の利下げが遅れたからであった。

　金利が高い国の通貨は高くなってしまう（＝高い利息を得るため，金利の高い国に世界中から資金が移動してくる。その際，一度その国の通貨に換金する。つまり，その国の通貨需要が増し，値が上がる）。その現象が起きた。2008年に政策金利を0.1％に引き下げただけでは足りず，日銀は2010年に実質ゼロ金利とした。国債などを日銀が買い上げる基金もこのとき創設された。

　最初はアメリカの話なので対岸の火事ではあったが，輸出が減るなどの影響を被り，世界的な金融不況の中で日本の景気が本格的に回復するのは難しかった。円高が進めば，当然のことながら，日本からアメリカへの輸出は減る。アメリカの景気が落ち込んでアメリカの輸入需要が減ったうえ，円高も加わり日本にも不況が波及した。

5．政権交代

　他の国の経済政策の成功例を見ると，政権政党が変わったときに改革がしやすい。1980年代，イギリスでサッチャー政権が経済の構造改革に成功したのも，労働党から保守党への政権交代が背景にあった。皮肉なことに，1990年代後半，ブレア政権が経済政策に成功をおさめたのも，逆に保守党から労働党への政権交代によってであった。1990年代，アメリカのクリントン政権がそれに成功したのも，共和党から民主党への政権交代があった後である。どちらも経済構造改革の前に，人の全面的な入れ替わりがあり，政府の構造改革が国全体の経済

　の構造改革に波及していった。

　日本では2008年の衆議院選挙で，それまで野党であった民主党が大勝した。その結果，政権が交代し民主党中心の内閣が発足した。キャッチフレーズ（マニフェスト）は「コンクリートから人へ」であり，公共事業重視の政策から，人を重視する政策への移行を訴えた。高速道路の無料化，無駄な公共事業の中止などが謳われた。

　「コンクリートから人へ」の象徴として，建設中の八ッ場ダムの建設中止を図ろうとしたが，一時中断したにすぎず，結局のところ建設容認の姿勢となった。これこそが，キャッチフレーズの最大の転換の象徴と国民に印象づけられた。やはり，民主党でも公共事業は止められなかったのである。結局，八ッ場ダムは建設が継続され，2020年度に完成の運びとなった。だが，2019年の台風による豪雨で利根川が氾濫しなかったのは，この八ッ場ダムのおかげという説もあり，八ッ場ダム建設続行の評価は意見の分かれるところであろう。

　民主党が大きく掲げたマニフェストの公約に高速道路の無料化があった。物流コストを引き下げる，物流をスムーズにする，料金所などのインフラ費用をなくすなどの効果のためであった。実際に2010年度から社会実証実験が行われた。いくつかの路線が選定され，無料化された。2011年度にはそれを拡大するはずだったが，3月に東日本大震災が起き，復興費用などの調達が必要なため，復興関連路線を中心とした無料化に移った。これも2012年3月で終了した。

　民主党の金融政策としては，金融円滑化法が特徴的であった。2009年の成立である。金融機関は借り手からの相談に乗り，借り手が破綻しないようにすることを促すものであった。努力義務ではあったが，この法律は成果を上げた。相談を受けた債務者の融資条件などを変更し，債務者に配慮した貸付となった。

　それ以外にも，月13,000円を支給する子ども手当の実施，公立高校の実質授業料全額無料化，私立高校の一部の授業料補助の実施，費用よりも販売価格が低い場合にそのマイナス分を補償する農業者戸別所得補償制度などが行われた。

　民主党最後の内閣となった野田佳彦政権は，消費税率の引き上げの方針を掲げた。菅直人内閣が消費税率の引き上げに触れて2010年の参議院選挙に大敗し

ていた。しかし，その後も民主党政権では消費税率の引き上げが見え隠れし，野田政権のときに，消費税率引き上げについて自民党と公明党と合意した。実際，消費税率が引き上げられたのは自民党政権になってからである。

6．民主党政権の総括

　2009年から2012年までの民主党政権の経済政策は，順風満帆とはいかなかった。民主党が経済政策に不慣れで，官僚をうまくリードできなかったことに要因のひとつはあろう。しかし，それだけではなく環境的な不運も重なった。リーマン・ショック後の世界的な不況の中で，日本だけが一人勝ちするのは難しい。グローバル化して垣根の低くなった世界の国々の経済の中で，逆に金利を低めるのが遅くなったことで，超円高を招いてしまった。

　もうひとつの不運は，2011年の東日本大震災であった。震災では東京電力・福島第一原発の事故もあり，首都圏が壊滅かと思われた時期もあった。史上初めての，ノウハウのない大規模原発事故の対応に追われてしまった。津波や液状化で大きな被害を受けた地域の復興と同時に，原発事故処理を行わなければならなかった。

　こうした悪条件の中で，経済政策が功を奏することはなかった。小泉純一郎内閣以降の金融機関の不良債権処理の流れを好転させたとはいえ，その成果も吹っ飛ぶほど経済の環境は悪化してしまった。そういう意味で，民主党政権は不運な政権だったといってもよい。

　ただし，悪条件の中でこそ，国民が困っているのだから政権の手腕の発揮しどころでもあった。リーマン・ショックからの立ち直り，東日本大震災の復興，福島第一原発事故の処理を軌道に乗せようとしたことについては一定の評価もできよう。

第3章

経済の仕組み

1．デフレ＋景気拡大

　アベノミクスは経済政策の大きな方針として，デフレからの脱却を目指した。デフレ（＝デフレーション。物価が下がること）を克服しようとした。なぜデフレではだめかというと，企業が儲からないからである。企業が儲からなければ，従業員の給料が上がらない（どころか下がる），新たに労働者が雇われないという結果になってしまう。従業員，国民は我々のことなので，国民は幸せでなくなってしまう。そこで，物価上昇を実現して，企業の業績を良くして，国民を幸せにしようという考え方であった。

　アベノミクスでは，デフレ脱却の物価上昇率2％が達成できず，アベノミクスの最大の目標が達し得ていないと批判された。だが，我々庶民にとって，物価が安いことは喜ばしいことだったのではないだろうか。とあるレストランに行けば，299円，399円で料理が食べられる。別の居酒屋，ホテルでは，たった2,500円，3,000円で飲み放題，食べ放題のプランもある。ツアーにしても，5,980円の日帰りツアーで中身が盛りだくさん。その意味では，国民は十分幸せだったのではないだろうか[3]。

　アベノミクス称賛派の経済学者や経済界関係者は，物価上昇率2％が達成できなかったことに深く触れようとしなかったが，実はデフレ維持はアベノミクスの大きな功績だったと筆者は思う。もちろん，デフレだけでは駄目である。

他方で，2018年10月までアベノミクスは景気拡大を実現させた。かつて，インフレ（＝物価が上昇すること）と不況を組み合わせてスタグレーションと呼んだことがあった。通常は，インフレと好況，デフレと不況の組み合わせが経済学のセオリーだったのに，その組み換えが起こり，こともあろうにインフレと不況が組み合わさってしまい，1970年代中盤以降の日本経済を苦しめた。

　アベノミクスについて考えよう。今述べたように，デフレで景気拡大，つまり，スタグフレーションとは異なる組み合わせのほうを実現させたのである。しかも，失業率は完全雇用に近い率である。後述するが，「デフレ」と「低失業率」の両立は画期的である。アベノミクスは「デフレ＋景気拡大」の立役者である。

2．元祖ケインジアンの経済の仕組み[4]

　デフレ脱却と国民の富の拡大のためにとられた具体的な政策について，戦国時代の武将・毛利元就の三本の矢の例を利用して，アベノミクス「三本の矢」と称した。具体的には，第一の矢「大胆な金融政策」，第二の矢「機動的な財政政策」，第三の矢「民間投資を喚起する成長戦略」を掲げた。この三本の矢で出てくる言葉は，テレビのニュースや番組でもよく聞く言葉であった。金融政策，財政政策，民間投資，成長は，経済学の主要な用語である[5]。

　これらを独立に行って経済が良くなるというものではない。実は緊密な連関がある。そこで，これを理解するために，まず経済の基本的な仕組みについて説明しておこう。

　経済の仕組みを説明するために**図表3－1**を準備した。これを使って経済政策の関連を説明しよう。金融政策，財政政策，民間投資は経済の需要側を主とした言葉である（＝もちろん供給側も充実させる効果がある）。経済で需要がなければだめという考え方を示したのが，ジョン・メイナード・ケインズという経済学者である。需要を喚起して経済を良くしていこうという考え方である。**図表3－1**は元祖ケインジアンの理論である。では，社会で需要が少ないとき

はどうするのか。そのように経済が良くないときは，政府が需要を喚起する政策を行うことが大切だというものである。これは，「大きな政府」の考え方という。**図表3－1**を見られたい。

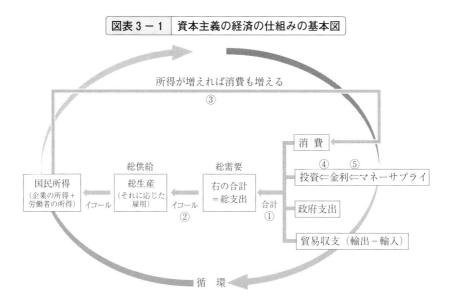

図表3－1　資本主義の経済の仕組みの基本図

1）総支出

　まず矢印②について説明しよう。需要側の総支出額と供給側の総生産額（＝GDP）は等しくなっている。この元祖ケインジアン（＝「大きな政府」）の理論に従うと，「需要の大きさに応じて供給がなされる」というもので，需要の総支出と等しくなるように，供給である総生産の大きさが決まる。

　また，その総生産額は国民全体の所得と同じである。なぜならば，企業が生産して得たお金は，原材料費以外，企業と労働者の取り分に分けられて企業の所得，労働者の所得になる。その合計が国民所得であるからである。差し引いた原材料分はカウントされていないのではないかという疑問を持つ方もいるであろうが，それは原材料を生産する企業のところでカウントされる。よって，全企業の生産額をトータルすれば，それは国民全員の所得の合計に等しいとい

うことになる。

　結局，総支出額が総生産額となり，それが国民全体の所得額となる。いってみれば，総支出が総生産を決定し，そして，国民所得が決定する。「総支出→総生産→国民所得」がイコールの関係で，それを「三面等価」という。

　矢印①の左側が総支出である。では，何を足しての総支出だろうか。それを1つひとつ説明していく。日本の最終生産物（＝原材料や半加工品ではなく，それを買った人がその後販売しない）に対する総需要は，消費支出，企業の設備投資支出，政府支出，そして貿易収支の合計で表される。①の矢印部分である。これらの項目は需要の項目である。つまり，買った額である。買いたいという気持ちを需要というが，この図の需要は実際に支払った金額を表している（＝実際にお金を支払った需要を有効需要と呼ぶ）。

　　　　総支出 ＝ 消費支出 ＋ 投資支出 ＋ 政府支出 ＋ 貿易収支

　消費者は生活のために買い物をする。食べる必要がある，着る必要がある，娯楽がしたい，旅行に行きたい。これらが消費需要である。文字どおり，費やして消えるものである（＝ものによっては長い時間の後消える）。実際に支払われた国民全体の合計金額を総消費支出という。簡単化して消費支出または消費と呼ぼう。テレビのニュースや新聞，インターネットで消費という言葉をよく耳にしたりするであろう。民間消費が伸び悩んでいるとか，今回はそれがどうだったかとか。政府も企業も一般の消費者と同じようにものを買って消費したりするが，簡略化のため，ここでいう消費とは，消費者の家計の消費支出に限定しよう。家計とは，労働を提供して給料・収入を得て消費する人たち，すなわち消費者の家族を指す（＝消費者1人ひとりだと，例えば若者と高齢者とでは消費パターンが全然違ってしまうので，一家族の家計を単位とする。そうすれば，消費パターンが類似する）。

　次の投資支出とは，ここでは民間設備投資のことを指す。これがアベノミクスの第三の矢で出てくる民間投資である。テレビや新聞で，消費と並んで設備投資という言葉を聞くことが多いであろう。この投資は重要な位置づけである。

設備投資とは，生産を増やして売り上げ拡大を目指す民間企業が，機械や建物などに投資するという意味である。ここでの使い方として，株式などへの投機ではなく，企業が生産を行うための設備に投資するための支出を指す。生産してお金を儲けるための支出である。日本の企業が設備投資に支出した金額の合計を投資支出と呼ぶことにしよう。

　政府支出というのは，政府が支出した金額のことである。これがアベノミクスの第二の矢で出てくる財政政策である。政府支出といえば，福祉や教育支出があるが，ここで取り上げられるのは，国内で提供される財やサービスへの需要としての支出のことである。つまり，政府による国内の最終生産物への支出である（＝人件費や交付金などは除く）。主にインフラをつくったりする公共投資などによる支出である。ここで政府支出と聞いたら，具体的には公共投資をイメージしよう。公共投資とは橋や道路をつくったりすることである。消費支出と投資支出については，確かに，どちらもものを買う行為で，最終生産物に対する支出だというのはわかりやすい。しかし，なぜ公共投資が最終生産物の購入にあたるのか。例えば，橋をつくったり，道路をつくったり，公の構造物を建てたりするにしても，政府の役人が直接ブルドーザーの免許を取ってつくるわけではない。土木業者や建設業者につくってもらって，それを購入する。したがって，政府は最終生産物を購入したことになる。これが，政府支出，特に公共投資が日本の生産物に対する総需要の要素になる理由である。

　では，次は貿易収支についてである。貿易収支は輸出から輸入を差し引いたものである。

$$貿易収支 ＝ 輸出 － 輸入$$

したがって，輸出よりも輸入が大きいときはマイナスになることもある。これがプラスの場合は貿易黒字，マイナスのときは貿易赤字と呼ばれる。他の需要の項目は〇〇支出なのに，この項目だけは引き算になっている。この貿易収支がなぜ総需要の要素のひとつになるのであろうか。なぜそれが最終生産物への支出なのであろうか。

　今焦点を当てているのは国内の生産物に対する需要である。外国の企業や外国の人も日本の製品を買う。日本の自動車がアメリカでも売られている。どうして日本の自動車が海外で売られているかの理由は簡単である。日本から輸出されているからである。海外には日本の最終生産物への需要がある。だから，輸出は，総支出を構成する重要なひとつの項目になる。アメリカ人が日本旅行の途中で日本製品を購入すれば，それも輸出扱いとなる。

　海外に日本製品の需要があるのと同様，日本にも海外からの輸入製品への需要がある。日本の人たちが意識するかしないかにかかわらず，かなりの輸入製品を購入している。その分は日本の所得の漏出分として差し引く。日本の人たちの所得ではなく，海外の人たちの所得となるからである。

　したがって，最後の項は，「日本の生産物への支出－日本の人たちの他国の生産物への支出」となり，「輸出－輸入」という言葉で表される。これについては次の説明もわかりやすい。

　これまで説明してきた消費支出，設備投資支出，政府支出，そして輸出には，日本の生産物だけでなく外国の生産物に対する支出も含まれてしまっている。国内総生産，つまり日本国内での総所得で対象にしているのは日本の最終生産物への支出だけである。だから，「消費支出，設備投資支出，政府支出，輸出」から海外の生産物への支出分を取り除かなければならない。しかし，各支出のデータを計算するとき，これは日本の生産物への支出，こっちは外国の生産物への支出，というように細かく分けることはできない。したがって，輸入としてまとめて海外生産物への支出を差し引く。この作業によって，外国の最終生産物への支出が取り除かれる。よって消費支出，投資支出，政府支出，輸出の合計金額から輸入の金額を控除した金額こそが，日本製品に支払われた金額になる。「輸出－輸入」をひとつにまとめて貿易収支としている。

2）消費の決定要因と経済の循環

　さて，いま説明した消費はどのような要因で決定されるのであろうか。そこで，国民所得との関係を見てみよう。前掲**図表3－1**の矢印③に注目しよう。

総支出，総生産が決まった後，国民所得の大きさが決まる。読者の方々は，自分の所得が大きければ自分の消費も大きくなり，逆に小さければ消費も小さくなる経験をしていることであろう。国全体でも同様の関係が当てはまり，その国民所得の大きさが今度は消費支出の大きさを決めている。

　　　国民所得　→　消費支出

　経済の仕組みの図では，ここで矢印が止まらない。すると，次にその消費が足し算としての総支出を増やし，その増えた総支出に応じて国民所得が決まる。そして，その国民所得が消費を決める，これだと卵が先か鶏が先か，よくわからなくなる。その解答は「循環している」ということである。

　経済の仕組みの循環を通して，消費支出と国民所得がお互いに影響を与え合っている。つまり，消費が大きくなれば国民所得も大きくなる①②，国民所得が大きくなれば消費も大きくなる③，消費が大きくなれば国民所得も大きくなる①②，そして国民所得が大きくなれば……③。これ（①→②→③→……）がずっと続き，国民所得を大きくしていく。この循環こそが経済を大きくする力である。

図表3－2　家計最終消費支出（＝伸びていない！）

出所：「国民経済計算」より作成（実質，2011年価格，単位 10億円）

　この経済循環において，循環するたびに雇用が増えていく。経済最大のポイ

ントである。経済の強さはここにある（＝読者の方で，経済成長がなぜ起きるか不思議な方もいらっしゃったであろう。その理由はこれである。簡単な話である）。だから，政府は消費が落ち込むのを避けようと躍起になる。これが負の循環になったらたいへんだからである。

　消費の大きさは所得の大きさに比例している。国民所得が大きければ消費も大きい，国民所得が小さければ消費は小さい。これは比例関係にほかならない。

　ここで，限界消費性向という考え方が重要になる。経済学では，限界という言葉をよく使う。限界というのは，追加的という意味に置き換えるとわかりやすい。ある日，所得が8万円から10万円に増えたことにしよう。この場合，8万円から2万円増えて10万円になった。よって，所得の増加分は2万円と表される。では，所得が2万円だけ増えたら，消費はどれくらい増えるであろうか。ここで登場するのが，比例係数という考えである。比例係数とは，所得が増えたときに消費に回った分の割合のことである。例えば，今所得が2万円増えた。そして，消費が1万円増えたとする。所得が2万円増えたときに消費が1万円増えたので，比例係数は1万円÷2万円の0.5である。ここでは，この比例係数のことを限界消費性向と呼ぶ。

　　　限界消費性向＝消費の増加分／所得の増加分

　国全体で見てみよう。国民所得が増えると消費が増えるから，この限界消費性向が高ければ高いほど，消費が増えるということになる。消費の増える大きさが大きければ，国民所得もより大きくなる。経済の循環を通して経済が良くなるためには，この限界消費性向の値が大きければ大きいほど良いということである。所得が増えたら勇んで消費してくれるのが良いということである。消費者心理（消費者マインド）が冷えて経済も低迷しているとよく聞くが，この限界消費性向が低いとそうなる。したがって，経済を良くするためには，消費者の消費活動が活発化すること，つまり限界消費性向を高めることが必要である。

> ### 一口メモ　消費関数
>
> 　本来ならば，税金も考慮しなければならないが，政府の存在を考えずに，とりあえず所得と消費の関係で限界消費性向を計算してみよう。消費と国民所得の関係を表す消費関数を見てみよう。経済の仕組みの図でも説明したように，消費は所得に比例するという式である。簡単化のために，消費には民間消費支出，所得にはGDPを利用した。それは次のように置かれる。
>
> 　　　$C = a + bGDP$
>
> 　このときbが限界消費性向である。
>
> 　　　$b = \Delta C / \Delta GDP$
>
> 　日本とアメリカの消費関数を通常最小2乗法で推定する。使ったデータや推定期間はカッコ内のとおりである。
>
> 　日本（1994－2017，国民経済計算，単位：10億円，2011年基準）
>
> 　　　$C = 3221 + \underline{0.5683}GDP$
>
> 　　　　　（0.221）（18.78）
>
> 　　　$R^2 = 0.9413$
>
> 　アメリカ（1990－2018，出典：国連のデータ，単位：百万ドル，2015年基準）
>
> 　　　$C = -1051780 + \underline{0.7336}GDP$
>
> 　　　　　（－13.6406）（141.6303）
>
> 　　　$R^2 = 0.9986$
>
> 　係数の下のカッコ内はt値，R^2は決定係数。

　本書は一般書なので，各統計の数字の見方は省略する（GDPの係数の値，および式全体の信頼性は高いという結果となった）。ここで注目すべきは限界消費性向の値である。両方の式の右側のGDPの項の前についている，アンダーライン付きの数字がこれにあたる。それが日本では0.5683であるのに対し，アメリカでは0.7336である。日本に住んでいる人は所得が増えたらその56.83％しか消費に充てないのに対して，アメリカでは73.36％も消費に充てる。消費の残りは貯蓄である。

　日本人に比べて，アメリカ人の消費意欲の強さがわかる。限界消費性向がアメリカのほうが大きいので，設備投資や公共事業の，経済の循環を通しての効

果が日本よりもアメリカのほうが大きいということがわかった。同じ額を公共事業に注ぎ込んでも，アメリカのほうが多くの雇用を生み出すというわけである。この消費の強さが，今もアメリカ経済が世界経済を牽引している力強さということになろう。

3．投資の決定要因と経済の循環

さて，次の説明に入ろう。

国民所得 ＝ 総生産 ＝ 総支出 ＝ 消費支出 ＋ <u>設備投資支出</u> ＋ 政府支出 ＋
輸出 － 輸入

　総支出を構成する右辺アンダーラインの設備投資支出についての説明である。前述のように，ここでいう投資とは，企業の設備投資を指す。企業の設備投資の決定要因は何か。何を判断材料にして企業は設備投資をするか。

　それは金利である。設備投資に費やす金額は，資金を借りるときの費用である金利の水準によって決まる（**図表3－1**の④）。では，どうして金利が下がると設備投資が増えるのか。その答えは，お金を借りても利益が出るからである。企業は銀行からお金を借りたり，社債などを発行したりしてお金を調達する。しかし，金利が高いと後からたくさん返済する必要がある。そうすると，どうしても借りる資金が減って，設備投資が少なくなってしまう。逆に金利が低ければ，多くの利益を上げられる可能性が高くなる。「今がチャンス」とばかりにお金をたくさん借りて，設備投資をする。

　感覚で投資をしたりしなかったりというわけではない。企業も見込みをもって意思決定する。金利の動向というのは，経済で重要である。企業は，ある意味で非常に合理的な行動をする。金利というのはお金を借りるときのレンタル料である。払うレンタル料よりも得る利益が大きいと判断すれば，お金を借りて設備投資をする。逆に，お金のレンタル料のほうが利益よりも大きいと判断すれば，設備投資をしない。ケインズはこの企業家の精神を「アニマルスピ

リット」と呼んだ。金利が利潤率より高いか低いかで企業の投資行動が変わってきて，経済が動くか動かないかまで決まってくる。

　金利は上がったり下がったりしているが，中央銀行が金利をコントロールしている。日本では日本銀行，アメリカではFRBが担当する。金融政策である。これがアベノミクスの「第一の矢」で出てくる言葉である。

　具体的には，どうやって金利を上下させているのか。ケインズの考えた金利コントロールについて説明しよう。金融市場の説明である。マネーサプライはお金の供給量のことである。金利が決まる要因のひとつに，そのマネーサプライの大きさがある（**図表3−1の⑤**）。

　もし日本銀行やFRBがマネーサプライを大量に増やしたらどうなるか。市中がたくさんのお金であふれるであろう。市中にたくさんのお金が出回れば，お金の価値そのものはどうなるか。お金の価値は高くなるか，低くなるか。答えは，「低くなる」。

　実は，お金の価値も上下する。市場にたくさん出回ると，お金の価値は下がる。大量の資金（預金など）を抱えると，銀行はレンタル料を低くしてもその資金を運用したい。お金の価値が下がる。お金が市中に大量にあるときは，レンタル料である金利が低くなる。逆に，市中に資金が少なくなると，銀行はレンタル料，つまり金利を高くする。お金の価値が高まる。そのように，お金の価値は，そのレンタル料である金利に現れてくる。

　日本銀行やFRBはマネーサプライの量を操作することで金利を変動させる。金利を操作する仕組みについては，中央銀行がある他の国でも共通している。中央銀行はマネーサプライを通じて，経済の動きをつくっている。中央銀行がマネーサプライを増やすと，お金のレンタル料である金利が下がる。金利が下がると企業の設備投資が増える。企業が設備投資を増やしたことで，その機械設備の分だけ他企業の生産量も増える。

　生産量が増えることは失業者が減り，国内総生産が増えることを意味し，国民所得も増える（**図表3−1②の矢印**）。生産が増えるのであるから，それに必要な雇用も増える。そして，国民所得が増えると，消費も増える（**図表3−**

１③の矢印）。そのあと，支出が増えて，総生産が増えて，雇用が増えて，国民所得が増えて，消費が増えて…となっていく。経済の循環（**図表３－１**①→②→③→①→……）が回る。これを繰り返しながら国民所得は大きくなっていく。

４．政府支出と経済の循環

　次に日本の企業がつくった最終生産物への購入の項目として，日本の公共事業への支出をあげる。政府はさまざまな公共事業を行っている。道路，橋，トンネル，港湾，ダム，堤防，……などの建設。これ以外にも公の住宅，研究施設，役所の建物などの建設もある。

　政府が公共事業などの公共投資を増やすということは，これまで示してきた総支出の式（p.24）の右辺にある政府支出を増やすことになる（**図表３－１**の右）。公共工事で出来上がったものを政府は買うのだから，日本の最終生産物への需要を増やすということである。総支出は各支出の合計で，それが総需要でもあった。公共事業を行うと，日本の中の最終生産物への総需要も増えたことになる。総支出と総生産が同じで，総生産と国民所得も同じだから，総生産や国民所得も増える。

　そのとき，生産を増やすのに労働者が必要になるわけだから，雇用も増える。しかも，経済の動きはそこで止まらない。経済の循環がある。国民所得が増えると，消費も増える。さらに，消費支出が増えるということは，再び総支出を増やすことになる。そして，総生産，国民所得，雇用を増やす。雇用もまた増える。こうやって，経済はどんどん規模を膨らませていく。

　このように，たとえ公共事業そのものの金額は小さくても，この循環を動かすきっかけになる。そして，この経済の循環が動き出せば，徐々に経済は拡大し，国民所得もどんどん大きくなっていく。雇用も増えていく。政府支出の役割はとても重要なのである。

図表3－3 アベノミクスでの公共投資の推移

出所：「国民経済計算」より作成（実質，2011年価格，単位 10億円）

5．貿易収支の決定要因と経済の循環

　前述したように，総支出の項目の中に輸出がある（p.24の式。**図表3－1**の貿易収支内）。輸出も日本の最終生産物を外国が購入する重要な項目である。それが増えれば，前述の消費，投資，政府支出と同様，経済の循環を動かす役割を果たす。日本の自動車は世界各国に輸出され，日本経済の原動力になっている。では輸出を左右する要因は何か。もちろん価格もひとつの基準である。だが，最大の要因は，質の高い商品の提供，他の国の技術では供給できない商品の提供などであり，世界の人たちが求めているような商品であることが輸出の最も大切なところである。

　他方，輸入は，この項でマイナスとなっている。前述のように，日本の輸入は日本からお金を流し出す要因となっている（p.24の式）。輸入が増えれば増えるほど，経済の循環がマイナスを大きくしてGDPを減らしてしまう。輸入が超過しすぎるのは経済にとってマイナスになる。しかしながら，自国の資源や技術は限られている。原材料やエネルギー資源を海外から輸入せざるを得ない，あるいは他国でつくったほうが安い，他国しか技術を持っていないという

ときは，ある程度の輸入はやむを得ない。

　貿易収支にかかわるこうした大きな理由以外の大きな要因としてあげられるのが，為替レートである。日本の立場で円安と円高を考えてみよう。円安と円高，日常的に聞くこの2つの言葉，あるときは円安歓迎，あるときは円安迷惑，またあるときは円高歓迎，あるときは円高迷惑というように，いったいどの状態が日本にとって良いのか判断に迷ってしまう。

　日本にとって，円高と円安とでは，概してどちらが有利だろうか。このような例を考えてみよう。日本国内で作られたひとつ360円の製品を，旅行で日本を訪れたドルを持ったアメリカ人がドルで購入するとき，1ドル360円の円安状態と，1ドル90円の円高状態とで，どれだけ負担しなければならないかを比較してみよう。1ドル360円のとき，その外国人がその製品を1つ買うのに支払う額はたった1ドルである。なぜならば，360÷360＝1だからだ。ところが，1ドル90円の円高状態のときであったら，その額は4ドルになってしまう。このときは，360÷90＝4だからだ。

　このように，まったく同じ物を買うのに，円安のときは1ドルで購入できたのに，円高のときは4ドルも支払って購入しなくてはならない。外国が日本製品を購入する輸入の場合，円高のときよりも円安のほうが日本製品を割安で手に入れられることになる。だから，たくさん買ってもらえる。このように，貿易において，円高よりも円安のときのほうが，日本にとって有利である。

　いま日本の円の側での話をしたが，アメリカ側に立てば，ドル安がアメリカに有利，ドル高はアメリカに不利ということになる。いずれの国も自国の通貨安は貿易に有利になる。輸出が促進されるからである。どんなに小さい商店でも，大きなデパートでも，ひとつの国でも，そこで売っている商品が売れれば売れるほど儲かり，そこで働いている人たちの所得が増える。自国通貨安は歓迎なわけである。

　このように貿易で有利になり，輸出を促進し，自国の経済の循環を回したければ，自国通貨安の政策が有利になる。ただし，あからさまな自国通貨安の誘導政策は，WTO（世界貿易機関）で禁じられている。

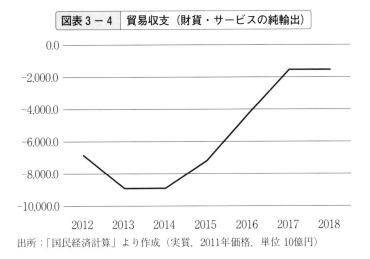

図表3－4 貿易収支（財貨・サービスの純輸出）

出所：「国民経済計算」より作成（実質，2011年価格，単位 10億円）

６．元祖ケインジアンを持ち出した理由

　これらの説明はケインズの本来の理論の説明である。ケインズの理論を継承するケインジアンという人たちは，この理論をさまざまな形で発展させた。その中でも主だったのが，金融市場と実物市場が同時に均衡するというIS-LM理論，物価の上昇も加味しての各市場が同時均衡するAD-AS理論，それに国際収支の市場の均衡も同時均衡するという理論であった。いずれにしても，実物市場，金融市場，国際収支市場が同時均衡するという考え方であった。

　だが，本書で述べるのは，現在の実物市場と金融市場は別々に均衡していて，連動していない状態にあるということである。両者の間にケインジアンの主張のような同時均衡が存在せず，各々が均衡している状況にあるということである。そのために，発展したケインジアン理論以前の基本に立ち戻り，ケインズの基本的理論に基づいて分析するのがアベノミクスでの説明に整合していると考えた。そこで，ケインズの経済学にできるだけ近い理論を元祖ケインジアンとして，ここで用いている。

第 2 編

アベノミクスを検証する

第4章

アベノミクス

1．アベノミクスとは

　2012年12月の総選挙で自民党が圧勝し，第2次安倍晋三内閣が誕生した。2006年に発足した第1次安倍内閣は約11ヵ月の短期で終わってしまったが，第2回目の内閣を合わせると憲政史上最長内閣となった。第2次発足当初は経済政策がうまくいかなかったかに見えていたが，世界的な好景気とも相まって，経済も好調に推移した。就職も売り手市場が続き，特に若い人たちからの安倍内閣への支持は強力だった。

　第2次安倍政権は，まず経済面においても政策の命名力が抜群に優れていた。第2次安倍政権の経済政策をアベノミクスと名付け，国民に魔法をかけた。出身地の毛利元就にちなんで政策方針を「三本の矢」（「大胆な金融政策」「機動的な財政戦略」「民間投資を喚起する成長戦略」）と名付けた。トランプ大統領にも共通するところであるが，国民にわかりやすかった。内閣とは独立した日銀の件ではあるが，「異次元の緩和」「マイナス金利」というのも，（わかったようなわからないような感じであるが）国民にとって衝撃的な言葉であった。ただし，経済政策の中身もトランプ政策はわかりやすかったが，本書で内容を解説するように，アベノミクスの経済政策の中身に関してはわかりにくいものであった。

　早々に経済政策の名称をアベノミクスと名付けて，第2次安倍政権は大胆な

政策を実行していった。山谷悠紀夫（2019）p.234で「科学性，論理性に欠ける政策」とはいわれるものの，経済は人間の行動であるから，国民の気持ちを変えるというのは行動も変えるという意味で大切なことである。国民がその気になれば経済は動くものである。筆者は，成功・失敗の議論の分かれるアベノミクスには問題もあったが画期的な成功点が複数あったと評価している。そこで，アベノミクスの筆者なりの評価に入ろう。

2．アベノミクスの良い点と悪い点

1）アベノミクスの良い点と悪い点

　2012年からの第2次以降の安倍政権のアベノミクスは，高く評価されたり酷評されたり。結局，わかりにくかった。「これぞアベノミクス」というわかりやすい結果が見えなかったからであろう。だらだら景気が拡大したという印象なのかもしれない。

　だが，分析する必要がある。アベノミクスを分析すると，見事な点，そして問題点が見えてくる。具体的にはどの点が良くてどの点が良くないのか。ここでは，筆者なりの，アベノミクスの成功点と問題点をあげてまとめてみた。本書の冒頭部分を言い方を換えて再掲する。

　良い点1：まず良い点。著者が最も強調したいのは，訪日外国人の増加とそれにともなって，かつて無駄な公共工事として批判されていた地方空港や地方の道路がよみがえったことである。地方のインフラは需要が少なく，建設にかかった巨額の費用の借金化と膨大な維持費の垂れ流しと批判されてきた。格安航空会社LCCなどを使う訪日外国人は地方空港，地方の港湾，地方の道路を活用した。地方のインフラが大活躍した。それ以前の政権が批判され続けていた点について第2次以降の安倍政権が彼らの名誉を見事に挽回したということである。先人の努力が報われたという点で一番高い評価をつけたい。

　良い点2：景気拡大なのに物価を上げないで両立させた点である。物価を上

昇させなかったのは，アベノミクスの失敗としてあげられているが，物価が上がらないことは庶民にとっては助かる。例えば，新婚間もなくてもちゃんと家具がそろう。それも家具が安いからである。低失業率と低物価の両立（これ以前の経済学では，高失業率と低物価の組合せ（またはその逆）が常識であった。後述p.51のフィリップス曲線の理論に全く反する状況），国民が生活するにあたってこのうえない好条件である。アベノミクスはこれを成し遂げた。

　良い点3：TPP11への参加があげられる。当初アメリカも含めてTPP12であったが，アメリカが離脱した後，残った11ヵ国でTPP11を締結した。少子高齢化で市場が狭くなることが予想される日本経済において，自由市場が広がることは大きなメリットである。

　良い点4：農業改革があげられる。これまでの日本の農業は，農協が力を発揮して支えてきたが，逆に農産物の市場経済化の障害にもなってきた。自民党の票田である農業に対して，歴代の内閣は本格的には手を付けられなかったが，アベノミクスはその農業改革を断行し，市場経済化を進めた。

　悪い点：日銀や年金資金を本格的に株式市場に投じた。株式というのは民間の活動の範疇であり，公の機関が手出しをして良いところなのであろうか。アベノミクスのこの問題が問われる出来事として，2020年のコロナ禍の際の株価の変動があげられる。一時株価が暴落したが，日銀の資金投入（ETFの購入の割り増し）で株価は持ち直した。ここが問題である。株価が下がったときではなく，上がったときがなぜ問題なのか。それは，日銀がETFを買い入れて株価を支えたこと自体が問題だからだ。つまり，経済の状況が悪くても株価が下がらなくなってしまい，株式市場の調整機能が見られなくなってしまった。

　日本の金融経済は社会主義経済化し，政府によってコントロールされているということもできる。市場経済に政府が介入し，市場の動きをコントロールするのは社会主義経済である。この経済的問題点については後述する。

　勇気を出した点：消費税率を2014年，2019年に2回アップさせたのは見事であった。そのあと経済に対して必ずマイナスの影響が出るにもかかわらず断行した。消費増税が必要か否かの議論はさておき，2回の消費増税を行った内閣

は前代未聞である。その影響とコロナ禍が相まって，景気は後退した。ひとつの内閣で消費税率を２回も引き上げたことは勇気がいることなので評価できる。

一口メモ　ETF

上場投資信託と呼ばれる。日経平均株価やTOPIX（東証株価指数）等の指数（アメリカの場合はNYダウ）に連動するように運用されている。日銀は年間６兆円を購入していたが，コロナ禍で年間12兆円と倍増させた。

２）アベノミクスの良い点の解説—失業率の低下

　景気動向を表すのにわかりやすい統計のひとつとして失業率があげられる。働きたいと思っているのに働けない人たちが何％いるかという統計である。これが高いときは景気が悪くて雇用が少ない，これが低いときは雇用が増えて景気がよいということになる。成果としてわかりやすいように，失業率の推移のグラフを示しておく。**図表４−１**はIMFの統計から作成したものである。

　21世紀に入ったとき，失業率は５％を超えていた。小泉構造改革の成果もあり，その失業率が約４％にまで低下したが，2008年のリーマン・ショックで再び失業率が５％を超えてしまった。だが，第２次安倍政権発足当時は４％を超えていた失業率が，アベノミクス実施後，2018年には2.44％にまで低下した。実質的な完全雇用の状態である（＝働きたいという人がすべて働いている。少し残っている失業は，職場を変えている途中の人，希望の職業を探し続けている人たちの存在を指す）。これらの推移から見ても，アベノミクスが経済の復活に役立ったことがわかる。

　この失業率の低下と物価上昇の抑制の両立は，アベノミクスの成功点である。物価上昇率２％未達成が失敗といわれるが，前述のように，筆者はそうは思わない。庶民にとっては非常に助かっていた。5,980円の高級食材食べ放題，お土産付き日帰りバス旅行など夢のまた夢であったが，いつでも行けるようになったではないか。

図表4－1 日本の失業率の推移

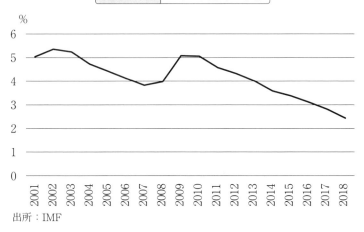

出所：IMF

　では，物価上昇がなくて困るといわれているのはなぜか。企業が労働者の給料を上げられないからである。労働者の給料が上がらないと，企業がつくったモノや提供したサービスの購入が増えない。つまり需要が増えない。本書でも学んだように，需要が増えないというのは経済にとって致命的である。需要を増やすためには給料を上げて，企業のつくったモノ，企業が提供したサービスが売れる需要増加の状況をつくりたい。だから物価上昇が必要だという論理である。

　だがここで見ていただいたように，失業率は低下したままであった。つまり，景気は悪くないということである。筆者は，逆スタグフレーションが起きていたと解釈をする。スタグフレーションというのは，不況とインフレの合体である。1970年半ば，田中角栄内閣の狂乱物価で物価が跳ね上がったとき，1年後にそれに合わせて賃上げが行われた。ところが，そのころは第1次石油ショックで，世界的不況に見舞われていた。日本も例外ではなかった。不況で需要がなくなった。企業はつくったモノが売れないので，賃上げ分を製品やサービスに上乗せした（＝転嫁したという）。すると，物価が上がる。コストプッシュインフレーションという状況が生じた。かくして不況とインフレが同居するこ

ととなった。

　アベノミクスでは，逆の作用が起きたと考える。景気拡大局面で賃上げが十分行われなかったので，マイナスのコストプッシュインフレーションが起きた。企業は生産費用が増えないので，何も価格に転嫁する必要がない。よって，製品やサービスの価格は低いままで済んだ。まさに，コストプッシュインフレーションの仕組みがマイナスに作用した。労働者は困窮したかといえば，そうではない。低賃金ながら，失業率は低かったので，モノは買いやすかった。つまり，需要は十分あった。「低賃金→モノの低価格→需要増→雇用増」の循環が動いた。よって，「需要増加＋物価下落」（「低失業率＋物価下落」）が組み合わさった経済状況が生じた（＝これが経済格差を生んだという意見もあるが，筆者は後述のように，独立した金融市場が金儲け市場となったことが所得格差を生んだと見ている）。

一口メモ　デフレの意味付けの混乱

　デフレーション（省略してデフレともいう）とは，本来物価上昇のインフレーション（省略してインフレともいう）に相対する物価下落を意味する言葉であった。近年，そのデフレにはさまざまな意味が込められてしまい，意味がわかりにくくなってしまっている。需要不足もデフレというようだ。では，インフレに対応する物価下落をどう呼ぶのか。本文では，できるだけ物価下落をデフレといわず，そのまま「物価下落」ということにする。

一口メモ　貨幣錯覚

　低失業率でも給与が上がっていないという批判がある。だが，給与が上がっても物価が上がれば同じことである。実質的に買える量に変化がない。これを貨幣錯覚という。給料が上がらなくても，低価格のため多くのものを買えたので，アベノミクス時は逆貨幣錯覚であった。

3）アベノミクスの悪い点の解説

　景気を知る指標として株価もある。株価は，そのときどきの企業の業績を表すとともに，持っている資産の価値が反映されている。株価日経平均（225の銘柄について独自の式で平均化したもの）についても上昇していた。第2次安倍政権が登場したころの2013年1月の始値は，10,604.5円であったが，コロナ禍前の2020年1月には25,000円近くまで上昇していた。

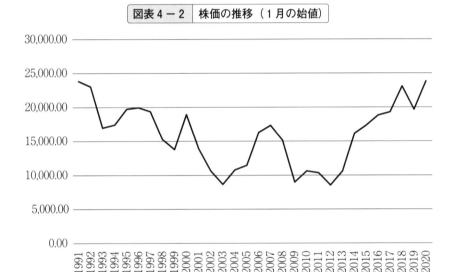

図表4−2　株価の推移（1月の始値）

出所：kabutan（https://kabutan.jp/stock/kabuka?code=0000&ashi=yar），図は筆者が作成

　図表4−2は株価の推移である。バブル期のころは40,000円近くまで上がっていたが，1991年にバブルがはじけ，その後30,000円を超えることはない。2008年のリーマン・ショック後は10,000円をも下回っていた。2013年以後のアベノミクス期からコロナ禍以前までで，相当株価が上昇したのがおわかりいただけるであろう。

①　創造的破壊を日本銀行が妨害

　ただ，コロナ禍でも，株価が下がらなかった。年金は逆に利益を出したほど
である（＝コロナ禍の真っ最中の2020年4－6月期に年金資金は約12.5兆円の
黒字。過去最高の運用益とか。コロナ禍で経済がストップしているときにであ
る）。これは，日本銀行がETFを買っているからである。つまり，日本銀行が
株価をコントロールする仕組みになってしまっている。

　中央銀行が株価をコントロールする仕組みは，「大きな政府」を通り越して，
資本主義経済の社会主義経済化に他ならないと筆者は感じている。ただ，日本
だけではなく世界的傾向である。後述するが，金融市場と実物市場の乖離がこ
のような現象を生む温床になっているのであろう。庶民が四苦八苦していたコ
ロナ禍の時期に，金持ちは損をしない構造であった。これが所得格差を生んで
いるのだ。

　コロナ禍で経済状態が悪くなれば，当然株式市場は下がるはずである。それ
が経済の持つ調整力である。そして，創意工夫を重ねた企業が這い上がってき
て，コロナ後の強靭な経済が再構築される。ところが，日本銀行が介入すれば，
弱い企業が生き残り，創造的破壊は生まれない。創造的破壊というのは，既存
の経済構造では生き残れなくなった企業がつぶれて，イノベーションに成功し
た企業が新たに登場するというものである。仕事は一瞬なくなるが，新たに創
り出されるという経済の持つ力である。これが機能しなくなってしまう。

　ユニクロのファーストリテイリングについては，日本銀行が20％近くの株を
持っているので完全に官営企業である。こうした官営企業がいくつもある。だ
が，本当に政府がサポートすべきは，伊藤博文や渋沢栄一が滅私で立ち上げた
富岡製糸場のように，これから世界を席巻するイノベーション企業ではないだ
ろうか。筆者は経済学者として，ユニクロを官営化する意味がさっぱりわから
ない。

　日本銀行が株式市場をサポートしすぎることにより，これからの技術社会に
ついていけない企業が残り続け，他方今後を担うイノベーション豊かな企業が
「もぐらたたき」のようにつぶされてしまう。本書は，今こそ最大のイノベー

ションのチャンスだと見ている。コンドラチェフの波に乗れば，経済は大きく
伸びる可能性がある。

②　社会主義化 [6]

　2020年 4 月にGAFAM（Google, Amazon, Facebook, Apple, Microsoft）
と呼ばれるアメリカのテクノロジー企業 5 社の時価総額が，東証一部上場企業
の時価総額を初めて上回った。同年 4 月末時点で東証一部には2,169社が上場
しているため，2,169社の総額を 5 社が上回ったことになった。

　世界経済ではそのあとに，当時のトランプ大統領に目の敵にされたファー
ウェイ（Huawei）やByteDance（TikTokの会社）など，世界的なイノベー
ション企業が並ぶ。

　では，日本はどうだろうか。日本でもてはやされている大企業は，国内イン
ターネット通販の会社やファストファッション，観光業などで，世界的イノ
ベーションから遠い。Yahoo! JAPAN（ソフトバンク）もアメリカの技術を利
用した会社，ユニクロも販売力はあるが世界を席巻するイノベーションの会社
でない。世界のトヨタ，任天堂も昭和の会社である。トヨタも空飛ぶ車を開発
して登場してきたわけではない。そうした会社のトップが，日本では経済の第
一人者としてもてはやされている。日本の経済の第一人者は，日本での金儲け
がうまい人たちに過ぎない。イノベーションの時代にあって，新たに画期的イ
なノベーションで育った企業がない。アメリカや台湾，中国経済の第一人者と
スケールが違う。アメリカや中国に経済が負ける理由がわかるような気がする。

　日本の企業は，不祥事を起こしても残り続けている大企業，原子力発電に関
連するからといって政府に過保護にされる企業，日本の社会主義金融市場で儲
ける金融関係の企業などが今でも尊敬されているが，SNSを開発したり，ス
マートフォン関係を開発したりしながら（ガラパゴス化せず）世界に打って出
る企業が育たなかった。つまり，日本経済はシュンペーターのいう創造的破壊
が生じない構造になっている。

　アベノミクスは，本書が経済成長に重要だとするコンドラチェフの循環を引

き起こすイノベーションを生む企業を育ててこなかった。

　その冒険力を生まない経済構造づくりが，日本経済をぬるま湯化させてしまったといってよい。上場企業の株価を買い支えるのではなく，実体経済レベルまで株価を落とし，そこから這い上がってくる企業を育てる，かつての日本の経済力のすごみが欠けてしまっていた。2020年3月時点で，日本銀行が10%以上の株式を保有する企業（現代の官営企業）の数が56社だったという（**図表4－3**）[7]。

図表4－3	現代の官営企業（日銀の保有株式2020年3月末時点）	
	間接保有割合（%）	間接保有額（億円）
アドバンテスト	23.41	2,028
ファーストリテイリング	19.56	9,167
TDK	18.96	2,059
太陽誘電	18.55	691
東邦亜鉛	17.87	29
コムシスHD	17.42	683
日産化学	17.29	994
トレンドマイクロ	17.12	1,285
ファミリーマート	16.93	1,663
日東電工	16.9	1,294

出所：西井泰之（2020）

一口メモ　金融社会主義

岡部 直明（2017）に次の記述がある。

「金融緩和の一環として日銀が実施しているETFの購入は株式市場をゆがめている。2017年3月末で16兆円と1年で1.8倍に膨らんだ。年間6兆円の購入を緩和終了まで続ければ，株価形成に影響するのは避けられなくなる。年金積立管理運用（GPIF）の株式投資と合わせて『官製相場』のそしりは免れないだろう。」

「企業経営への影響も無視できない。日銀は半導体製造装置大手「アドバンテスト」やユニクロを展開する『ファーストリテイリング』など上場企業14社では実質10％以上の大株主になっている。ETF購入が続けば，2017年末には55社で日銀が大株主になるという見方もある。」

4）惜しい点

ただ，アベノミクスで「惜しい」と思うことがある。第一はコロナ禍である。順調に思われたアベノミクスの蓄積がいっぺんに吹き飛んだ。第二は，景気拡大期の長さがいざなみ景気（2002.2 - 2008.2）を超えなかったことである。アベノミクスでの景気拡大は，2012年12月から2018年10月まででいざなみ景気の長さに至らなかった。これがわかったのが2020年7月であった。その後，安倍首相の退陣とともにアベノミクスは終わった。経済の観点から見ると，この2点は残念な点である。

第5章

アベノミクスの経済政策1

1. 低金利政策

三本の矢のうち，第一の矢といわれたのが「大胆な金融政策」であった。第3章の経済の仕組みで話したように，金利の上げ下げで企業の設備投資意欲が変わり，それは経済全体にも大きく影響する。「大胆な金融政策」というほどであるから，金利を下げるほうを大胆に行うという政策であった。

第2次安倍政権が発足後，2013年に日本銀行はマネーサプライを2倍にする金融政策を決定した。第3章の経済の仕組みの説明において，マネーサプライを増やすことは金利を下げることにつながることを学んだ。民間の金融機関が持っている国債等を日本銀行が買う，すると日本銀行のお金が金融機関の手元に回る，つまり市中のお金を増やすことにつながった。これは異次元緩和，黒田バズーカと呼ばれた。これによってもたらされた低金利は，景気を安定させた大きな要因であった。日本銀行は金利を低くすることにより，経済に刺激を与えようとしてきた。2016年にはマイナス金利にまで至っている。

低金利の効用は何か。それは景気を良くすることである。第3章で見たように，低金利はいくつもの効果を持っていた。設備投資を促進する効果，為替の変動をもたらして輸出を促進する効果を持っていた。低金利は経済を良くしていくための強力な手段である。

1) 設備投資の促進

　理論どおり，アベノミクスでは一貫して低金利政策を続けてきた。この経済の循環を途切れることなく回転させていくために，金利を低くして設備投資を促進し，経済の循環が動くサポートをしてきたわけだ。**図表5－1**のグラフにもあるように，アベノミクスで設備投資は順調に増えた。

図表5－1　民間設備投資の推移

出所：国民経済計算より作成（実質，2011年価格，単位10億円）

2) 輸出の促進

　図表5－2にあるように，アベノミクスでは日本の輸出も順調に増えた。円安だと，日本にお金が入り，日本が経済的に有利になるわけである。日本の低金利はこれを実現したことになる。日本がゼロ金利やマイナス金利政策をとったため，円安が実現した。

　また，インバウンドも好調で，訪日外国客の日本での消費は輸出扱い（＝日本人が消費するのとは違って，訪日外国人による消費の増加は外国人の所得の増加につながり，そしてまた消費を行うという，経済の循環に組み込まれないから輸出統計扱い）となるので，それも輸出を増やす一因となった。

図表5－2　財貨・サービスの輸出の推移

出所：「国民経済計算」より作成（実質，2011年価格，単位10億円）

3）アメリカの怒り

　日本の対米輸出も好調で，対米貿易収支はプラスとなっていた。2018年対米貿易黒字は6兆5,260億円だった。

　怒ったのはアメリカのトランプ大統領であった。第3章の経済の仕組みの図をアメリカとしてとらえた場合，輸入が増えれば増えるほど，それは所得がアメリカ人から日本人に移行していくわけである。アメリカとしては損失ともいえる。日本からアメリカへの輸出が増えれば，アメリカ人が本来もらえるお金を日本人がもらってしまうことになる。アメリカファーストどころではない。

　当時のトランプ大統領は，日本は貿易で有利になるために低金利政策を行い，WTOから禁止されている為替操作を行っていると非難した。日本が金利を低くして為替操作を行って，円を安くしようとしているという見解である。もちろん，日本側は否定した。国内の需要を喚起し，内需でも成り立つ経済をつくるために低金利政策をとっていると主張した。結果として貿易でアメリカは大幅に対日赤字になっているので，日本がいくら否定しても批判は続けられた。ただし，2019年9月に調印された日米貿易協議の協定で，日本の為替操作に触れられなかったのは，アベノミクスのひとつの勝利であった。アメリカの恩情

ともいえるし，アメリカ側が後からの攻撃材料に取っておいたともいえよう。

2．物価はなぜ上がらないのか

　かつてのFRB議長が言った。「低金利なのに物価が上がらないのは謎だ」。経済理論では，低金利だと物価は上昇することになっている。金利が低ければ，前述のように設備投資が刺激され，経済の循環を通して需要が過熱していく。供給に対して需要が増えると物価が上昇していく。このメカニズムが機能していない。

　アベノミクスでは，物価上昇率を2％とすることを目標にしたが，なかなか達成できなかった。なぜ物価上昇を目指すのか。逆の物価下落という現象を考えよう。すでに述べたが，需要がないため物価が下落すると，供給側の企業は，つくったモノが売れないので，生産規模を縮小したり倒産したりする。失業者が発生する。あるいは給料が下がる。彼らを消費者とみなせば消費額が少なくなる。すると，より一層モノやサービスが売れなくなる。この悪循環で経済が落ち込む。

　といって，物価の上昇しすぎは困る。モノやサービスが足りないと物価上昇が起きる。物価が上昇しすぎると，給料が追い付かない。稼いでも稼いでも物価がそれ以上に上昇してしまう。必要なものが手に入らない。と同時に，預貯金の価値が落ちる。これまで一生懸命貯めてきた預貯金は，毎年物価が上昇すると，買える量がどんどん減ってしまう。よって，物価上昇は貯蓄の価値を目減りさせてしまう。

　アベノミクスではほどほどの物価上昇率を達成させ，維持し，経済を安定させようとした。しかし，物価上昇率は最高でもようやく1％弱で，2％という目標が達成できなかった。

　図表5－3を見られたい。消費者が購入するモノやサービスを対象に調べられた消費者物価指数という指標がある。2013年以降，いずれも物価上昇率は1％以下である。2016年に至っては，マイナスになってしまっている。いくら金

| 図表 5 － 3 | 消費者物価の推移 |

出所：2014年の消費税率引き上げの影響について，下記内閣府資料より1.9％と計算しそれ
を差し引いて作成した。（https://www5.cao.go.jp/j-j/wp/wp-je14/h02-01.html）

利を下げても物価が上がらなかったというのが日本の実態である。

3．金融市場と実物市場の間の堰

　この現象の背景を簡単に説明しよう。本書でもたびたび触れているが，金融
市場と実物市場の間に壁，つまり堰（せき）が存在している。本来ならばお金
が自由に行き来するのだが，近年，世界中にこうした現象が見られる。

　もしお金が両市場を円滑に行き来すると，今のように日本銀行が大量のマ
ネーサプライを実行していたら，大幅な物価上昇が起こるはずである。日本銀
行が大量に株を買って貨幣供給を増やしているからである。ところが，それが
起こらない。なぜかそこには壁ができて，金融市場から実物市場へのお金の流
れをせき止めているからである。実物市場から金融市場へは堰に作られた魚道
を通ってお金が流れているが……。

　では，なぜ止まっているのか。それは，人間の欲が壁になっている。裕福な

層にお金が入れば，贅沢三昧をするというより，むしろ彼らは金融市場でより一層増やそうとする。コロナ禍での国民全員への定額給付金の配布でも，生活に困っていない人は預貯金や株などの運用に充て，より一層増やそうとした。

日本銀行が株を買って株価をコントロールできる理由は，この人間の欲の壁があるからである。実物市場に流れればインフレになるはずが，インフレにならなかったのは，金融市場から実物市場にお金が流れなかったからである。金融市場では，経済実態に合わない株価がついていた。日本銀行が支えた，金儲け市場になってしまっていた。

マイナス金利について話をしよう。民間銀行は，法定準備金として日本銀行に一定の預金を行わなければならない。だが，民間銀行は，それ以上に日本銀行に預金をしていた。安全だからだ。この後者の部分の金利をマイナスにしたのがマイナス金利政策であった。民間銀行は集めた資金を民間企業に貸し出すよりは，日本銀行に預けておいたほうが安定した利子，つまり利益が得られる。民間企業に貸し出すと，返済されないおそれがあるからである。民間企業に貸し付けた場合，万一貸付金が戻ってこない損失が非常に大きく見えて，貸し出しを躊躇してしまっていた。行動経済学でいう損失回避の行動である。通常，行動経済学は個人にしか当てはまらないといわれているが，法人である銀行も人間が運営している。したがって，利益はそれほど入らなくてよいから，とにかく損をしたくないという心理が働く。よって，民間銀行は企業にお金を貸し出さないで，安全な日本銀行に預けようとしたわけである。

マイナス金利政策は，日本銀行が民間銀行のこの損失回避行動にメスを入れたものである。日本銀行に預金しておくと，プラスの利息が得られるのではなく，マイナス金利で逆にお金を支払わなければならなくしたのである。損をするという仕組みにした。つまり，民間銀行の損失回避行動が成り立たなくしようとしたものである。民間銀行は，お金を日本銀行に預けておくと損をするので，実物市場で活動する民間企業にお金を貸し出すという行動に出る。日本銀行が金融市場と実物市場の堰を破り，金融市場から実物市場にお金を流そうとした政策であった。

　この堰は，日本銀行にとって，プラスの面もあるしマイナスの面もある。マネーサプライを提供することにより，金融市場を操れる。コロナ禍で，本来ならば株式市場は急落するはずであったのに，それを高値水準でコントロールできた。日本銀行の思うがままになっている。これは金融市場をコントロールできているということである。前述のように，社会主義経済化させているのだ。

　逆に，金融市場と実物市場の間に堰があるというのは，実物市場がコントロールできない状態になっているということである。日本銀行は物価上昇率年2％を目標としているが，実物市場にお金が回らない。もし回ったとしてもお金儲けのためにそのお金が魚道を通ってすぐ金融市場に戻されてしまう。よって，実物市場でモノの値段が上がらない，つまり物価が上がらない。実物市場でお金がとどまらないということは，そこで働いている労働者にお金が回らない。金融市場にお金を回してますます太る金持ちと給与が上がらない貧乏な人たちの所得格差がついてしまう。日本銀行はこの問題を解決できない。

　日本だけではなく，世界中の中央銀行が同様なジレンマに陥っている。

> **一口メモ**　**量的緩和**
>
> 　量的緩和は世界中で行われている。COREECON（2017）（ユニット15-8）によれば，量的緩和の目標は，中央銀行が債券や金融などの資産の購入によって総需要を増加させることである。よって，中央銀行が株式を購入している。金融資産を中央銀行が買うと金利が下がる。金利が下がると，住宅ローンや各種ローンの金利が下がるので，住宅や耐久消費財の需要が増えるという図式である。ところが，世界中で総需要を増やすことができていない。

4．MMT

　そんな中，新しい経済理論が登場してきた。現代貨幣理論である。Modern Monetary Theoryの頭文字をとってMMTと呼ぶ。このMMTの事実上の実践

は，アベノミクスの特徴のひとつである。

　MMTに従えば，いくらでも国債を発行して政府は借金をしてよい。財政が赤字でも構わない。しかも，民間だけでなく，中央銀行が国債を買えばよい。インフレさえ生じなければ，政府は国債をいくらでも発行してお金を賄ってよいというものである。従来の経済学では，完全雇用後はマネーサプライを増やすとハイパーインフレになるのが常識だった。MMTは自国通貨建てで政府がいくら借金を重ねても大丈夫であるという考え方である。国債を発行した分を国内で購入していれば，国債発行に際限がなくてもよいというものである。

　財政赤字を気にせず，景気対策に専念すればよいという。積極的に公共投資を行うというのはケインズ経済学の流れを汲む考え方である。世界がその根拠としているのが，なんとアベノミクスである。日本は膨大な借金を背負っていても破綻していない。マネーサプライが増えすぎるとインフレが起きるはずだが，日本はインフレどころかデフレの状態である。目標物価上昇率2％にも届いていない。その日本を見習えば，マネーサプライをいくら増やしても大丈夫というのである。日本がその理論の根拠になっているのである。しかし，通常の経済学からは批判を受けている。経済の裏づけのないお金を発行していたら，今に経済は混乱状態になるというのである。

　アベノミクスではこの混乱が起きなかった。マネーサプライを増やしても物価が上がらなかった。デフレ脱却のための2％の物価上昇という目標達成はできなかったが，次に説明する「物価が高くなって初めて失業者がいなくなる」という従来の経済学に当てはまらないことこそ，アベノミクスがうまく回してきた点といえるのかもしれない。アメリカからMMTの成功者として評価されるのには一理あろう。

　かつては，国債発行が国民の借金か，財産かという議論があった。国債を発行したら政府はそれを償還しなければならない。そのときに国債の償還費がかかるが，これが借金の返済にあたる。しかし，そのお金は誰が受け取るかというと，国民が受け取る。国民の財産になるわけだ。国内で国債という借金を繰り返しても，それは借金にならないというという理屈である。これが繰り返し

行われる。この繰り返しが永遠に続けば問題はないという。それは一見「永遠」という時間の魔法に見える。

　だが，いつの間にか国債発行が借金かそうではないかの議論も吹っ飛んでしまった。アベノミクスでは，MMTの理論が台頭してきた。実際にインフレが生じなかったことが，MMTを正当化させる強い根拠となっている。表向き政府はMMTに依存していないというが，コロナ禍の菅義偉政権が国債を110兆円発行したのは（それまではその半分が最高），MMTに依拠していると言わざるをえない。

5．物価に関する経済理論

　他方，従来の経済理論に従って，物価に関する常識的なフィリップス理論を説明しよう。物価に関する経済の理論に，失業率と物価上昇率の関係を表す理論がある。フィリップス曲線という。縦軸に物価上昇率をとる。横軸に失業率をとる。物価上昇率が低いときはデフレなので，不況を意味し，失業率が高い。物価上昇率が高いときはインフレなので，好況を意味し，失業率は低い。よっ

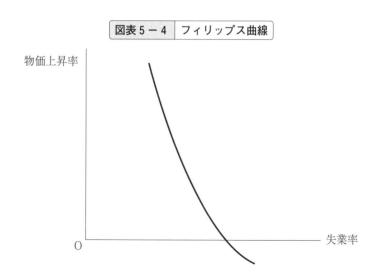

図表5－4　フィリップス曲線

て，右下がりの曲線が引ける。物価上昇率と失業率が競合関係にある。この曲
線を最初に描いた学者の名にちなんでフィリップス曲線と呼ぶ。

　この理論は図が中心になる。読者が読んでも当たり前のような関係である。
これが経済学では重要視されるものである。

　このような理論だけでは理解しにくい。現実にこの理論が成り立っているか
について，実際のデータから描いてみよう。高度成長期のフィリップス曲線と
アベノミクスの期間のフィリップス曲線の両方を描いてみた。まず，**図表5-
5**において1965年から1972年までの消費者物価上昇率（縦軸）と完全失業率
（横軸）のデータで両者の関係を描いた。線では結んでいないが，図表中に打
ち込んだ点から両者の関係の傾向がわかる。

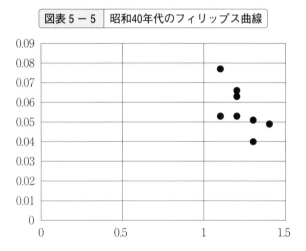

図表5-5　昭和40年代のフィリップス曲線

　この期間は昭和40年代の経済成長期である。フィリップス曲線の理論のとお
り，散布図を見ると，この期間のフィリップス曲線は右下がりの関係となって
いることがうかがわれる。高度経済成長期には，経済理論どおりであった。こ
の一例を見ても，そのころは経済政策がやりやすかったことがわかる。

　他方，アベノミクスのフィリップス曲線を描いてみよう。第2次安倍政権で
ある2013年から2018年の間の消費者物価指数上昇率（縦軸），失業率（横軸）

の関係をグラフ化してみた（**図表5－6**）。

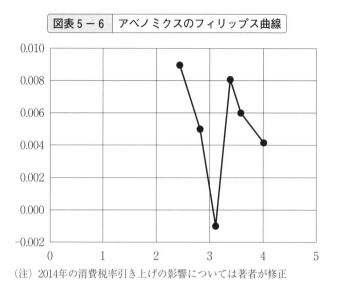

図表5－6　アベノミクスのフィリップス曲線

（注）2014年の消費税率引き上げの影響については著者が修正

　これを見ると，両者の関係が右下がりの曲線となっているとはいえない。物価上昇率と失業率の関係はジグザグしている。物価上昇率がほぼ1％以下なので，もっと大きな目で見ると，ジグザグというより，（1点を除けば）水平の直線のように見えるかもしれない。伝統的なフィリップス理論のような右下がりの関係は見られなかった。この状況だと，従来の経済理論の適用が難しく，経済政策の舵取りが難しかったことが理解できる。インフレ目標の2％が，従来の政策によってはなかなか達成できなかったことがわかる。

　前述したように，アベノミクスは，低失業率と低物価上昇率の組合せを見事に両立させたといえよう。

6．金融市場から実物市場にお金が流れない背景
―サンクコスト効果―

　行動経済学にサンクコスト効果という考え方がある。それまでに投じた金額

や，それまでの努力を無にしたくないので，うまくいかなくてもその行為を行い続けるというものである。一見滑稽だが，読者の皆さんも身に覚えがあるであろう。株に投資をしたら下がってしまった。しかし，そのまま損するわけにはいかないから，株を売らずそのまま持ち続ける（＝行動経済学で気質効果という）。すると，より一層株価が下がって，失敗が大きくなってしまう。あるいは，スポーツの練習をしていて，けがをしたけれど，ここまでの努力を台無しにできないので練習を続けてけがを悪化させてしまった。こうした失敗をしてしまった経験があるのではなかろうか。

　サンクコストは，日本語にすると埋没費用である。投じた費用を埋没させたくないがゆえに，人はその行動を継続する。ただ，今あげた例では，より大きな失敗に陥るというものであったが，いつも失敗するとは限らない。継続していて一時的に悪化はするかもしれないが，最後に成功するかもしれない。したがって，この費用に関して一律に悪くとらえる必要はない。

　近年の金融市場は，このサンクコスト効果の影響下にあるといえる。家計は実物を購入する以外に，金融資産を増やそうと考えている。実際に増やした実績が金融市場にはある。10年前まで1,500兆円だった家計の金融資産が，2019年には1,900兆円にまで増えた。一度苦労して増やしたのだから，簡単にはそこから引けない。ちょっと株の値が下がったくらいでは，株式投資をやめるわけにはいかない。このような，お金を投じた事実と資産運用で苦労を味わってきた経験が，金融市場から個人を消費財の市場，つまり実物市場に移らせにくくしている。まさに，行動経済学でいうサンクコスト効果である。

　こうした金融市場と実物市場の分断は，結果として経済格差を生んだ。アベノミクスの下で儲かって儲かって仕方ないとほくそ笑んだ人たちもいれば，景気の回復の実感がないとテレビのインタビューに答えたサラリーマンもいれば，貧乏から抜け出せない貧困層の人たちもいた。コロナ禍ではそれが一層顕著になった。政府が，経済政策を打てば通常は全体が底上げされるはずなのに，経済格差が広がるばかりだった。

　日本銀行や年金積立金の運用資金が株式市場に回り，株価を吊り上げてきた。

金融当局が株式市場を事実上コントロールしてきた。よって，株式市場で資産を増やす人たちが続出した。彼らは儲かり，ますます富んだ。他方，そのお金が回ってこない実物経済市場でしか動けない人たちは，金融市場からお金が流れてこないために，所得が増えるわけでもなく，お金持ちたちに取り残された。

　実物市場にお金が流れていかなければ，インフレにはならない。あり余るお金が実物市場にあって，初めて物価が上がる。ディマンドプルインフレーションだ。だが，アベノミクスで目指した物価上昇率2％が達成できていないのは，実物市場にインフレを引き起こすだけのお金が流れ込んでいなかったからである。今述べた金融市場と実物市場の分断が，この事態を招いたのである。

　この分断があるがゆえに，金融市場のお金が実物市場にいかなくなる。すると，実物市場のほうで生産が滞り，よって従業員の給料も上がらなくなるという問題が発生してしまう。あるいは，正規労働者になれなかったり，シングルの家庭で収入がままならないという現象が発生してしまう。日本ではこの現象が実際に発生した。いわゆる経済格差の問題である。金融市場でお金を運用する金持ちは，株価が下がりそうになっても日本銀行や年金資金が株を買い支えてくれて助けてくれるから安心だ。いってみれば社会主義経済のブルジョア状態だ。彼らは，どんと座って苦労しない。他方，お金持ちたちの資産運用ゲームに入れない実物市場の人たちは，所得が増えず，それどころか減って困っていた。貧困家庭が生じた。これこそが所得格差の現象であり，それを生じさせた理由である。

　もちろん日本銀行も手をこまねいているわけではなかった。金融市場から実物市場にお金が流れないので，前述のように日本銀行はマイナス金利政策を実施した。民間銀行が民間企業にお金を貸し渋り，その余裕分を日本銀行に預金してしまう状態を解決したかったからだった。

　かくして，日本銀行が市中にお金を供給したといっても，経済の中でお金の循環がうまくなされていない。金融市場と実物市場が分断されていたからだ。コロナ禍の際にも，実物経済の指標は相当悪化しているのに，株価が逆に上昇したという現象はこの事実を裏づけた。

第6章

アベノミクスの経済政策2

1. アベノミクスでの成功1―第二の矢と第三の矢―

1）第二の矢「機動的な財政政策」

　これは第3章でも説明した公共事業のことである。公共事業は景気の起爆剤である。公共事業を行うことにより経済の循環が回り，国民所得が増えていく。第2次安倍政権では2012年度の補正予算で10兆円の公共事業予算を計上した。2013年度予算，2013年度補正予算についても公共事業分が大幅に盛り込まれた。

　当初の公共事業については，ここまでであった。お金があればできるが，財政的な制約もあり，その後は大型な公共事業予算を組むことはできなかった。

2）第三の矢「減税」他

　減税も経済に効果的である。個人の減税の場合，消費を喚起する。法人の減税の場合，設備投資を喚起する。アベノミクスで，減税らしい減税は法人税だった。法人税が減税されると，設備投資意欲が増したり，労働者への賃上げができる。2014年に25.5％であった法人税が段階的に2018年度には23.2％に引き下げられた。

　それ以外にも，後述の「働き方改革」を行い，労働者の過剰な労働時間を抑えたり，景気回復にともない事実上外国人労働者が増えるよう，特定技能を

持った外国人が働けるような制度改正も行った。改正以前は，実習生として外
国人は働けたものの，正式に働けていたのは研究者やエンジニアなどの限られ
た外国人だけだった。この改正により，このような専門職以外の人でも特殊技
能を持っていると認定できる人が日本国内で働けるようにした（＝実質的に多
くの外国人が働けるようになった。）。

　当初だけで終わった第二の矢に比べて，この第三の矢は，経済を改変するに
ふさわしい内容であった。

2．アベノミクスでの成功2
―死んでいたインフラの復活―

1）インバウンドの成果

　アベノミクスに心から見事だと称賛を与えたくなる事実がある。アベノミク
スの大成功は，何といってもインバウンドにある。インバウンドとは，海外か
らの訪日客が日本で消費活動を行っていくことを指す。アベノミクスの成功の
象徴のひとつは，このインバウンド効果である。そこで，外国からの訪日客の
数の推移を見てみよう。2003年から2018年までの推移を表したのが**図表6－1**
である。

　訪日外国人数は，2003年には520万人に過ぎなかった。小泉内閣のときから，
外国人観光客を増やす「観光立国」の方針が示された。2010年の目標は1,000
万人であったが，そのときは非現実的な数字に感じられた。

　訪日外国人が急激に増え始めたのは，2013年以降である。2012年の暮れに第
2次安倍内閣がスタートした。2012年の訪日外国人数は830万人だったが，
ただちにビザの発給条件緩和も実行し，2013年には1,030万人を突破した。2014
年には1,340万人に増え，2016年には2,000万人を突破，2018年には3,000万人を
超えた。この訪日客の数の伸びは著しい。2003年に比べると2018年には6倍，
2013年に比べても2018年は3倍となっている。これはアベノミクスの大きな成

果であり，高く評価できる。

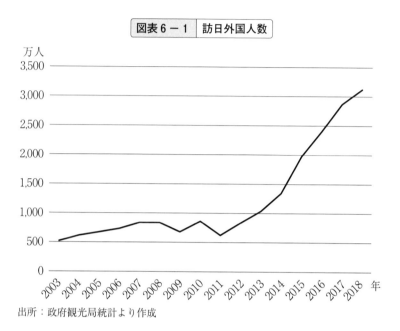

図表6－1　訪日外国人数

出所：政府観光局統計より作成

　当然，訪日客は日本国内で消費をする。ひところ，中国人観光客の"爆買い"という言葉がはやったほどだ。日本で品質の良いものを大量に買って，本国に持ち帰るという現象だった。当初は，こうした爆買いが目的の東京など大都市中心の観光だったが，SNSの発達とともに日本国内の隠れた名所も外国人に紹介されるようになった。その結果，日本での観光や体験を重視する観光客が大幅に増えた。日本全国の観光客が増えた。

　2019年の訪日客の消費額は4.8兆円となった[8]。GDPが500兆円強なので，4.8兆円はその約1％に値する大きな数字である。こうした消費の効果もさることながら，外国人客の増加は，日本経済に文化的イノベーションや観光的な設備投資をも引き起こした。"おもてなし"という文化を根づかせてきたし，外国人観光客のための文化をつくり上げた。伝統の日本の文化の大切さも改めて感じた。宿も，民泊など外国人観光客用の施設が登場し，観光バスの台数も増え，

経済に対して大きな影響を与えた。

　インバウンドの活性化に一役買ったのが，LCCと地方空港だった。かつては航空運賃も高く，海外旅行はぜいたく品だった。しかし，LCCの登場で世界各国の人が格安運賃で海外に行き来できるようになった。ここがアベノミクスの最も大きな成果であったが，日本にあり余るほどの地方空港を受け皿として大活躍させた。かつては公共事業での税金の無駄遣いといわれていた地方空港である。地方空港に関して，赤字のうえに膨大な維持費がかかるという意味で大きな負債を抱え込んでいた実情は，日本経済の先行きを暗くしていた。その足かせだったはずの地方空港が，海外からの飛行機の発着の便利な拠点と化した。アベノミクスで，一度死んでいた地方空港を見事によみがえらせたのである。ほぼ各都道府県に位置している地方空港が重宝された。批判の的だった静岡空港や茨城空港（両者とも正式名は略）は，逆に日本経済に大きく貢献した。人口が増えず，日本の空港も「これ以上いらない」というように飽和化してしまっていて，有効活用の出口が見えない状況に陥っていたが，それを生き返らせたのがこのインバウンド政策であった。

　地方空港だけではない。他の公共事業も同様だ。無駄で赤字を生んでいるといわれていた地方の高速道路，一般道路，港湾も生き返った。公共事業が飽和して，新たな高速道路をつくるにはお金がかかるので2車線を4車線にして景気を良くしようという緊急財政政策もかつてはあった。アベノミクスのインバウンドの成功でその4車線が活用されたのである。また，大きな港湾をつくったものの，船がほとんど寄港せず，大きな釣り堀と称されていた地方の港湾に年間複数の大型クルーズ船が立ち寄り，活況を呈した。かつての公共事業の王様の道路や港湾が，"無駄"の代名詞になりつつあった中でよみがえったわけである。

　それらがなかったら，インバウンドで活性化された日本はなかったかもしれない。先人たちの努力と苦労に実を結ばせたのはアベノミクスであった。著者は，拙著（2001）で無駄な公共事業について記した。筆者自身も批判していた。それを見事に生かし切ったのはアベノミクスであった。脱帽である。著者とし

ては，アベノミクスで一番高く評価したい点である。

2）過去からの問題の蓄積を一掃

　このように，コロナ禍以前のアベノミクスは，過去から蓄積されてきたインフラ問題を一掃したといっても言い過ぎでないと筆者は考えている。建設時の借金に加えて，膨大な維持費がかかるという点でお荷物視されていたインフラを，現在の人が十二分に活用できるようにした。

　それにつけても，コロナ禍が起こったのは残念であった。国民の財産であるインフラがせっかく活用されてきたのに，また重荷に戻ってしまった。ただ，過去につくられたインフラが役立ったことが証明されたのは確かである。インバウンドや国内旅行が活発化されれば，日本の隅々のインフラが活用できることがわかった。

　この経験は実証結果である。コロナ禍以前まで戻るのは難しくても，地方のインフラの活用の仕方を学習できた。地方の空港が役立った，地方の港湾が役立った，地方の高速道路が役立った。また，積極的な利用だけでなく，守りについてもインフラの有効性が実証できた。日本各地に無駄だといわれながら建設された大型ダムも，大きく変動した気候による大雨の災害の防止に役立つことがわかり始めた。無駄な公共事業のはずだったインフラが，人命を守る有力な武器となったのである。

　これらの学習成果に基づいて，今後のインフラの有効利用法を考えられるはずである。攻めについても守りについてもそれらが役立つ。より一層の工夫をすれば，効果的な活用が考えられるであろう。

3．アベノミクスでの成功3
―東京オリンピック・パラリンピック開催決定―

　2013年9月，ブエノスアイレスで開かれたIOC総会で，2020年に東京オリンピック・パラリンピックが行われることが決定した。1964年に東京オリンピッ

クが開催されて以来，夏季オリンピックは開かれていない。この開催決定は，日本を明るくした。精神面だけでなく，経済面でも日本人に夢を与えた。

　東京オリンピック・パラリンピックに向けて，競技場やそれにともなうインフラなどが次々に整備された。こうした公の投資だけではない。民間の建設需要を生み出した。ホテルの建築，民泊のためのリノベーションがラッシュになり，日本経済は資材が足りなくなるほどの活況となった。これに加えて，将来の経済の明るさを期待して都心の大規模な再開発が進んだ。築地市場が豊洲に移転した。東京駅周辺も新しいビルの建築ラッシュとなった。渋谷では大型再開発が進んでいる。旺盛なオフィス需要に応えようとしてきた。

　また，2011年の東日本大震災以降の復興も徐々に進み，街が再生されてきた。一度大津波などで破壊されつくした建物も建て直され，街の整備が進んできた。建設によって新しい街が構築されてきた[9]。

　前述したように，老朽化した建築物を新しく建て替える建築需要はクズネッツの景気循環を生み出す。かつては20年周期といわれた循環である。2013年の東京オリンピック・パラリンピック開催決定後の建築需要の増加は，クズネッツ景気循環の景気拡大をもたらし，アベノミクスの異次元緩和などとの相乗効果となり，日本経済を大いに盛り上げた。

4．アベノミクスでの成功4 ―グローバル化への参加―

　アベノミクスでは国際経済の点で，日本にとってプラスとなる政策があった。TPP11[10]の協定の締結である。TPP11の11ヵ国とは，オーストラリア，ブルネイ，カナダ，チリ，日本，マレーシア，メキシコ，ニュージーランド，ペルー，シンガポール，ベトナムを指す。正式には「環太平洋パートナーシップに関する包括的及び先進的な協定」と呼ばれる。TPPは，当初12ヵ国で合意されたTPP12であった。環太平洋の諸国が関税を引き下げて自由貿易の地域をつくろうというコンセプトであった。TPPにはオバマ政権時アメリカも参加する予定だった。保護主義，アメリカ・ファーストを唱えるトランプ政権が誕生し

て，アメリカはこのTPPから離脱した。このように多国間での貿易協定を嫌い，自国が有利になる可能性の高い二国間交渉を仕掛けたかったからである。

TPP12は，2017年のアメリカの離脱により一度挫折した。しかし，貿易自由化の必要性から，2017年ベトナムで，アメリカを除いた11ヵ国で協定を結ぶことが合意され，2018年12月30日に発効した[11]。11ヵ国は保護主義がコンセプトなわけではなく，自由主義を目指しているからであった。

では，日本にとって，なぜ自由貿易圏をつくらなければならないのか。日本だけでなく，各国にとって自由に貿易できる市場を拡大する必要があるからだ。例えば，日本にとっては切実な問題がある。今後少子高齢化がより進み，数十年後，若者向け，現役世代向けの素晴らしい商品やサービスを開発したところで国内には高齢者ばかりという市場では，売ろうと思っても買ってくれる人がわずかである。これでは企業も開発のし甲斐がない。開発に投じた費用も回収できない。そうならないためには，長期的にはより大きな市場が必要である。自由貿易ができる11ヵ国分の市場が準備できたわけだ。大なり小なりの理由から，自由経済圏の誕生は各国にとって必要であった。

日本にとっては次の項目が決められた。

- 牛肉：38.5％の関税を段階的に引き下げ，協定発効から16年目に9％とする。
- 豚肉：価格の安い肉にかけている1キロ当たり最大482円の関税を段階的に引き下げ，10年目に50円にする。
- 小麦と大麦：関税を段階的に引き下げ，9年目までに45％削減する。
- チーズ：「粉チーズ」と「チェダー」「ゴーダチーズ」などの関税を16年目に撤廃する。

日本からの輸出に関しては，「日本酒」「しょうゆ」などの関税が，国によっては撤廃されることになった。

このように，日本の消費者にとってはプラスのことでも，生産者にとっては厳しい内容だった。しかし，市場を広げるというのは日本経済にとっても長期的に重要なことである。一時の試練として，それに合わせた生産体制へ変化さ

せていけばよい。

5. 行動経済学とアベノミクス

1) アベノミクスと若者―若者と就職―

　若い人は変化を求める傾向が強い。現状維持よりも変化を望む。最近の学生は，就職しても数年後にその職を離れていることが多い。厚生労働省の統計で大学新卒の3年以内に離職する割合は，2016年卒業で32.0％であった。3人にひとりは離職していることになる。2018年卒業の1年目の人は11.6％が離職している。1年後には10人に1人が離職しているということになる。就職市場は売り手市場で，かつての日本人よりも仕事や企業がよりどりみどりである。にもかかわらず満足せずに変化を求めているということか。我慢しきれていないのかもしれない。

　HR NOTE[12] によれば，その理由は，「給与に不満」「仕事上のストレスが大きい」「仕事の将来性に期待ができない」「労働時間が長い」「ノルマが厳しい」などである。しかし，どれを見ても，これまでの日本人が耐え抜いてきたものばかりである。そのように，これまでの人たちが耐えてきたことに若者は我慢できず離職してしまっている。

　しかし，一方で，自分の変化とは違って若者が社会的変化を求めたがらなくなってきた。総保守化である。若者が保守的になっている近年が不思議なくらいである。その背景に，就職率が良い時期が続いた，離職しても次の職が容易に見つけられる，経済も安定しているという事実があった。アベノミクスの成功部分が理由となっていた。アベノミクスは若者が安心して離職できる状況をつくり上げた。そのような状況下では，大学生たちは変化を求めるというよりは，現状維持バイアスで社会の現状維持を望んでいるように思えた。

2）認知的節約と若者の変革願望の乏しさ

　日本社会が，現状維持バイアスにより社会変革の力が乏しくなると，経済が現在のようにアメリカに頼るかたちになってしまう。2017年のトランプ大統領の登場後，NYダウ株価が大幅に上昇し，そのおかげで日本の株価も上がり，資金が潤沢化した。そのことによって，若者の経済生活には問題がない。就職もスムーズである。若者の安倍政権の支持率が高い理由はここにあった。

　こうした状況で，あえて社会変革を必要とせず，政府の行うことに従っていこうとする風潮が，一部の人たちだけでなく若者たちにも広がっていった。難しいことを考えるのはやめて，表面上の数字の良さに従っていこうという行動がこれである。このように，実際の正確な分析を省き，これまで良かったのだし，数字も良いから政府に従っていた。これが認知的節約である。認知的節約とは，じっくり考えない，考えることを節約する，そのうえで簡易な行動形態をとるというものである。

　近年，若者が保守的になり社会変革を求めないというのはさみしい話であるが，現状維持バイアスを働かせて，その必要性をなくしたのがアベノミクスの成功（政権支持層を獲得したという点で）であったのであろう。自分たちの就職にも苦労をなくしてくれた，働こうと思えばアルバイト先がすぐ見つかる。その成功が若者に伝わったのであろう。若者たちが大きな変革を求めなくても，大卒就職後3年で3分の1が職を離れているのであるから，マクロ的な変革（社会的変革）よりもミクロ的変革（自分の変革）を求めているということであろう。それは納得がいく。この点では若者たちも変革を求めているのかもしれない。

　本書でも触れているが，経済が金儲けを第一目的にしている現在，その風潮の中に若者は置かれている。苦労してお金を稼がない道を模索し続けようとしているのかもしれない。この環境は，金融社会主義化と相まって，ぬるま湯状態をつくり，アメリカのGAFAM，中国のファーウェイ，TikTokを輩出したような若者を生み出さなくなってしまっている。日本の場合，かつて開発力で

台頭してきた企業はなりを潜め，二番煎じの企業が多くなった。

6．アベノミクスの問題点

1）年金資金での株価誘導―株式市場の社会主義化―

　前述したが，一番心配だったひとつがこの点である。安倍政権は，日本銀行が株を買う事実（法律上直接は買えないので，間接的に買っている）に加えて，年金資金の株式運用割合を大幅に増やした。2014年10月，年金資金の株式での運用比率（**図表6-3**に掲げたように，日本と外国の株式運用比率はほぼ半々）を，それまでの24％から50％に増やした。株価の下支えをするのが目的のひとつであったと思われる。年金資金に関しては年金積立金管理運用独立行政法人（GPIF）が運用している。世界最大の機関投資家といわれるほどだ。**図表6-2**にもあるように，株価が上がれば収益も上がり，2019年12月末での

図表6-2　年金運用額の推移

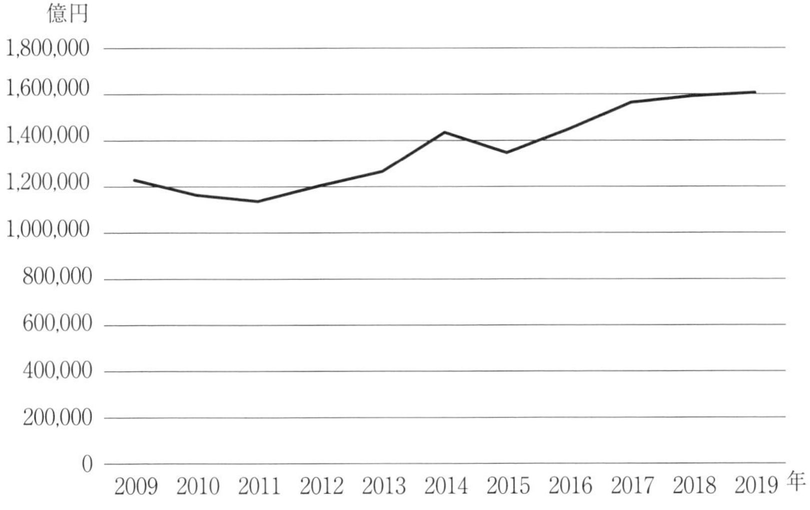

出所：GPIFのHPより作成

運用資産額は168兆9,897億円となった。

　株価が上がっているときは年金も安心だが，株価が下がると，年金資金が危うくなる。年金制度自体が危うくなる。**図表6－3**を見ればわかるように，2014年を機に，それまでの株式の比率が30％から40％に上がっている。2018年以降は50％を超えている。株式の比率が半分以上になっていると，株価に年金資金が左右され，ひいては年金制度そのものも左右されることになる。

図表6－3　年金の株式運用比率（％）		
	日本株	外国株
2009年	12.01	10.79
2010年	11.53	11.26
2011年	12.37	11.34
2012年	14.04	11.91
2013年	15.88	15.03
2014年	22.00	20.89
2015年	23.39	22.32
2016年	21.06	21.31
2017年	24.41	23.91
2018年	25.55	25.32
2019年	23.50	26.43

出所：GPIFのHP「資産運用状況」（https://www.gpif.go.jp/operation/）
　　・2019年の総資産は第1四半期
　　・2015－2019年のデータは第1四半期
　　・2014年以前は全期間

　アベノミクスで問題といえば，この点こそが最大の問題のひとつであった。事実，2020年初頭までに日経平均株価は24,000円まで達していた。2020年の新型コロナウイルス禍で株価が一時16,000円台まで大暴落をしたが，その後，2020年の緊急事態宣言期間中も株価が暴落することはなかった。しかし，4－

6月期のGDP成長率がマイナス29.2％（年率，確定値）にもなっているにもかかわらず，逆になぜか高止まりした。深刻なコロナ禍の2020年中には，30年ぶりの日経平均27,000円台の高値をつけている。不思議になる。年金資金や日本銀行などからの資金流入などが大きな理由であった。もし株価が下落すると，年金の破綻に一歩近づくかもしれない。前述したように，経済の市場が正常に機能していれば，株価はそのときどきの経済実態に合わせた動きを辿る。新型コロナ発生後も株価が大きく下落しないのは，市場の調整能力が落ちているのではないかと疑念を持たざるを得ない。株価が上がりすぎると下げる，下がりすぎると上げる，これが正常な市場の調整能力である。経済実体以上の株価の高値での水準には懸念を持たざるを得ない。

一口メモ　年金制度の破綻

　小説に『ソフト経済小説で読む超高齢化社会―21世紀ネバーランド政策―』（水之夢端他著，晃洋書房，2018）がある。第2次安倍政権の際，株式の購入に年金資金を投じる割合が大幅に増えた。株価を支えるためである。しかし，株価が暴落すれば年金資金は激減し，日本の年金制度は破綻する。それが現実に起こった未来の話である。年金受給年齢の高齢者たちは経済のお荷物となり，全員が北海道を改めた北海州に棄老される。そこは高齢者だけの社会であり，日本の本土に住む現役世代は，足を引っ張ることはあってもサポートしてくれることはない。60歳に達した主人公夫婦がそこに送られた。そこは弱肉強食というべき世界でもあった。弱い高齢者は皆の足を引っ張るので，弱いと認定された段階でその世界から消される。そうした社会の中で人脈をつくり，皆で力を合わせて新たな経済社会をつくっていくという内容である。

　一見非現実的に思えるが，年金制度が破綻したのちに高齢者が日本の経済社会にいれば，現役世代はその面倒を見なければならなくなる。少子化で現役世代の人口が減っているにもかかわらずである。現役世代も不幸であるが，高齢者の側も邪魔者扱いされて不幸である。この小説のように双方を切り離して，高齢者には自分たちの力で生きていってもらうというのは，あながち空想の世界の出来事ではない。この小説の警鐘に対して，どのように対処していくのかを考えてもおかしくないように思われる。

> **一口メモ**　年金が払えなくなるわけではない
>
> 　では，年金が直ちに崩壊するかというと，そうでもない。株価を日銀が買い支えている社会主義経済化に加えて，次のような記事を見つけたので紹介しておこう。
>
> 　朝日新聞HP記事（2020/3/26（木）22：24配信）「新型コロナで株価下落，年金は大丈夫？　いま残高は…」によれば，公的年金の給付には，年に約50兆円かかるが，大半は現役世代の保険料と税金でまかなえており，仮にGPIFの積立金の運用に一時的に大きな損失が生じても，年金が払えなくなるわけではないとのことである。
>
> 出所：朝日新聞HP（https://headlines.yahoo.co.jp/hl?a=20200326-00000085-asahi-sctch）。

　日本の場合，日本銀行だけでなく，ここであげた年金資金での運用も株式市場に市場調整能力を失わせている要因となっている。これは経済格差も生んでしまう。本書でもたびたび触れているように，退出すべき企業が市場から退出せず，新たな意欲的な企業を生み出さなくなってしまった。アメリカ，中国，台湾，韓国に対して，世界的なイノベーション力をもつ新しい企業を日本で見出すのは難しい。株価に正常な調整能力を持たせるよう政策を採っていくのも政権の役割である。この点ではアベノミクスは評価できなかった。

2）所得格差

　アベノミクスで好調な時代も，所得格差の問題が叫ばれた。裕福な人たちと貧困の人たちの差が広がったということである。表面的にはそのような格差は見えにくい。失業率も低い，株価も上がっている，海外から年間3,000万人以上も訪日客があり買い物をする。本書では，金融市場と実物市場の乖離を主な原因としていたが，経済格差発生の他の要因も掲げておく。なぜ所得格差が発生してしまっているのか。

　第一は，所得の格差だけではなく，身分の差が生じてしまったことである。アベノミクスで就職した人たちは，売り手市場で入りたい会社に入れた。しか

し，就職氷河期に就職しようとしても就職できなかった人たちが大勢いる。非正規雇用として不安定な働き方をしていた人たちは報われていなかった。最近公務員として採用する動きが出ているが，全員を救うまでは至らなかった。非正規雇用者には所得の不安定さがあり，それが所得格差につながった。

　第二は，親がシングルの家庭が増えてきたことである。生涯結婚率が低く，結婚したとしても3組に1組が離婚する時代になった。特にシングルマザーの6軒から7軒に1軒は貧困家庭だという。お母さんがパートなどで働いても，年間100〜200万円の収入では貧困から脱出できない。生涯結婚率の低さ，離婚率の高さは社会学的問題だけではなく，経済学的問題ともいえよう。

　他方で，本書で説明しているように，株価の上昇もあり，投資家たちは富んでいた。実体経済以上の株のバブルだったので，大儲けをした人たちも多い。そうした人たちと貧困の人たちの格差はますます大きくなった。

第7章

経済外交

1．外交と経済

1）外　　交

　アベノミクス初期の外交では，外国に行くとき，またぞろ経済界ご一行もお供したとのことである。相手国元首に会うとき，そしてレセプションのとき，相手の国の政治家や経済人と交渉ができる。こうした姿勢は批判を浴びてはいたが，経済とは人の行動であり，人と人とのつながりが基礎となる。多くの人と知り合えば，そして交渉の話ができれば経済拡大の可能性が大きくなる。筆者はこの点については高く評価すべき点であると考えている。

2）アメリカとの関係1

　さんざんポチ外交と揶揄されながら，どんなに条件が悪い結果になっても「ウィンウィンだった」と安倍首相がうそぶくことこそ重要であったのであろう。もちろん，アメリカ有利で落ち着くのはやむを得ない。トランプ大統領がアメリカファーストをうたっている以上，その顔を立てなければならない。

　だが，負けてはいるが，踏みとどまってはいる。負け方にも下手な負け方，上手な負け方があるであろう。中国のように，アメリカとの貿易戦争になって関税の引き上げ合戦となった例もある。中国の場合，独自の経済構造の構築を

行って，打撃を最小限にしている。だが，日本の場合はアメリカに依存している経済なので，アメリカに勝てばよいというものではない。

　アベノミクスの経済外交の場合，うまい負け方であったといってよいのではないか。日本からアメリカへ輸出する鉄鋼の関税をトランプ大統領によって25％に引き上げられてしまった。次は，自動車の関税を25％に引き上げるぞと脅す意味があったのであろう。安倍首相は，自動車の関税を引き上げさせないで，貿易交渉に決着をつけた。これはひとつの成果といえよう。

3）アメリカとの関係2

　防衛も交渉の難しいところである。これも押され気味であった。これまでの在日米軍の費用負担を，トランプ大統領は2,000億円から8,000億円に引き上げるよう要求してきた。これも踏みとどまった。トランプ大統領の要求は，アメリカが日本を守ってやっているのだから，当然全額負担しろという論理であった。理不尽に押され気味のところもあるが，相手の言っていることにも一理はある。

　また，防衛関連については，2014年に日本からの武器輸出が解禁になった。これは，日本の防衛産業が海外の国や企業と共同研究もできることを意味していた。いよいよアメリカの縛りからはずれるときがきたのか！？　否，ほとんど進んでいないのが現状である。2020年にようやく防衛装備品ひとつを輸出したという話である。航空機にしても，対空ミサイルにしても，アメリカのモノを買わざるを得なかった。アメリカの防衛装備品を購入すると，後のメンテナンスや修理までアメリカに依存することになる。アメリカ側が技術の詳細を日本に伝えたくないからである。修理においてもアメリカにお金が流れ続けてしまう。早く防衛装備品関係の産業が日本の中で育てばよいのだが。

4）EPA

　TPP11に関しては，第6章を参照いただきたい。市場を広げておくためには，自由に貿易ができる範囲を広げておくことが重要である。

　同様に，ヨーロッパのEUとも自由貿易協定である経済連携協定，つまりEPAを結んだ。2019年に日欧のEPAが発効した。EUとの間で自由貿易協定が成立したのである。JETRO（ジェトロ）によれば，EUは日本にとって，輸出の約11％，輸入の約12％を占める重要な貿易相手である。EPAには，物品の取引やサービスのやり取りを規定した自由貿易協定に加えて，相手の市場で投資ができる投資協定や知的財産権のルール化と遵守も盛り込まれているのが特徴であった。物品やサービスに関しては，関税は撤廃し規制もなくしていく方向で話し合われた。日本が輸入するワインは，すぐに関税がゼロとなった。気の長い話であるが，ナチュラルチーズは16年目に関税がゼロとなる。他方，日本が輸出する牛肉，水産物，アルコールなどはすぐに関税がゼロとなった。自動車に関しては8年目にゼロとなることが決まった。

5）アベノミクス経済外交の評価

　安倍首相の外交の評価については，インターネットで検索すると散々なことが言われている。北方領土の件，拉致問題の件，イラン外交の件，……と見ていけば，なるほどそういう見方もできよう。ただ経済外交の点では，他国に抑えられても，特にアメリカのトランプ大統領から切り込まれても踏みとどまった。踏みとどまっているからこそ，（2018年10月が景気の山とはいうものの）コロナ禍前までは景気が安定していたのである。TPP12で一度まとまった状況から，アメリカが離脱したという痛手は確かにあった。だが，TPP11や日欧EPAのように，経済の市場を世界的に広く開いたという大きな成果を残した。

　かくして，アベノミクスの外交について一見トータルでマイナスには見えるが，経済面で評価すれば，しっかり踏みとどまっていること，市場経済をグローバルで進めてきたことから，日本は損を一方的に被っていたとはいえないように思われる。及第点である。

2．ミクロ経済学での説明[13]

　これまでは，経済の仕組みの経済学的意味を第 3 章のマクロ経済学に立脚して説明してきた。輸入は国民所得からお金を漏出させる。輸出こそが自国にお金を集め経済を成長させる。

　次に，ミクロ経済学から輸入は悪，輸出は善という立場を考えてみよう。ミクロ経済学とは，読者の皆さんも知っている需要曲線，供給曲線の分析のことである。**図表 7 − 1** では右下がりが需要曲線，右上がりが供給曲線である。△Ap*Eが消費者が得した分である消費者余剰，△p*BEが生産者の利益の生産者余剰である。その両者を足した△ABEが社会全体の利益である社会的余剰の大きさである。余剰というのはその人たちの「得」と解釈しよう。

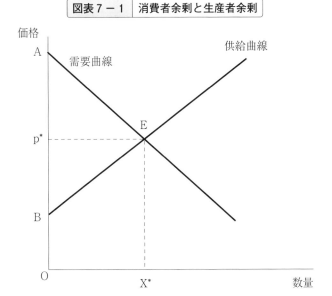

図表 7 − 1　消費者余剰と生産者余剰

1）輸入のケース

　さて，**図表7－2**のように，実はこの財の外国での価格が国際価格線の水準のようにもっと安かったとしよう。農業で国内労働者を雇用して農作物をつくろうとする日本にとっては，海外の農産物にあたる。海外からの農作物を新たに輸入されれば，国内の価格よりも安くなってしまう。

図表7－2　輸入のケース

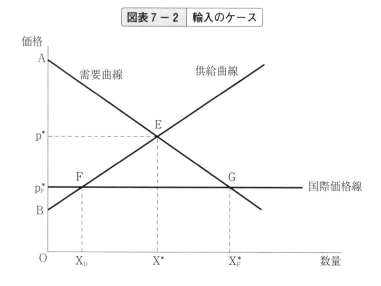

　海外からの輸入をそのまま許すと，**図表7－3**の現象が起きる。国内供給価格も国際価格線まで下がり，点Fでの取引がなされてしまう。その際，国内でつくるのはたったp_F^*Fであり，後は輸入することになる。消費者余剰（消費者が得をする大きさ）は，△Ap^*Eから，点Gをひとつの頂点にする大きな三角形（△Ap_F^*G）に拡大するのに，国内の生産者余剰（生産者が得をする大きさ）は，△p^*BEから，三角形p_F^*BFへと縮小してしまう。これは，輸入をすると，生産者の利益は減ってしまうことを意味する。生産者の利益が減ると，雇用が減るという現象が起きてしまう。

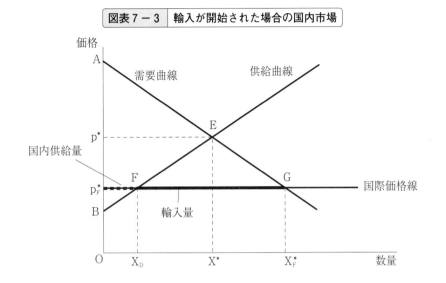

図表7-3 輸入が開始された場合の国内市場

　アベノミクスで，農産物の輸入を増やすと，農家から自国の仕事が減ると不満が出る。このように余剰で分析すればわかるように，輸入をすれば，国全体の総余剰は確かに増えるが，それは消費者に対してであり，日本の生産者にとって好ましくない事態となる。前述の経済の循環の話だけでなく，この余剰理論においても，輸入についてはデメリットがある。

2）輸出のケース

　輸入は自国の生産者にとって不利になることがわかった。生産者にとって不利になるということは，ひいては雇用も危ぶまれてしまうことになる。

　さて，次に輸出のケースでの余剰の変化を見てみよう。国内だけの取引だけでなく，生産者が輸出できるようになったケースである。

図表7－4　輸出のケース

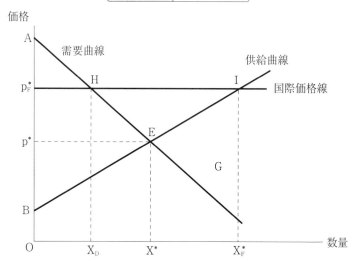

　日本から見た，ある財のケースを考えよう。**図表7－4**で，日本国内のある商品の市場において点Eで取引がなされている。しかし，アメリカとの取引を行うと，仮に国際価格線の高い価格で売ることができるとしよう。つまり，輸出が行われると，国内で販売するよりも高い価格で売ることができる。その結果，**図表7－5**にあるように，取引量が点Iまで増える。価格が高騰したので国内での販売量は点Hで少なくなってしまうが，輸出がHIの大きさだけ生じる。日本の生産者にとって喜ばしい事態である。

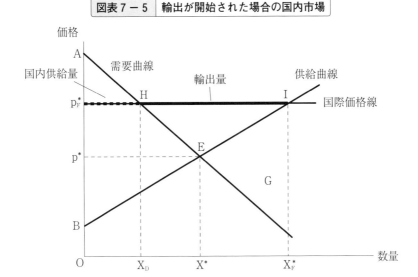

図表7−5 輸出が開始された場合の国内市場

　余剰を見てみると，消費者余剰は国内だけで取引をしていたときの△Ap*E
という大きさから，国際価格線よりも上の小さな三角形になってしまった（△
Ap$_F$*H）。その分，生産者の余剰は，国内だけの取引だった△p*BEの大きさか
ら点Bと国際価格線の点Iまでを囲む大きな三角形の大きさになった（△p$_F$*BI）。
生産者余剰は□p$_F$*p*EI分だけ増えたわけだ。したがって，総余剰は△HEI増え
た。

　このことによって，日本の生産者は潤う，雇用も増える，総余剰も増えると
いう，良いこと尽くしとなる。

第8章

消費税率の引き上げ

1．消費税率の引き上げ

1）消費税率の引き上げと経済の落ち込み

　前民主党政権との約束で，アベノミクス下で消費税率を引き上げた。安倍政権が決めたとはいえ，2回にわたって引き上げることとなった。安倍首相は，東京オリンピック・パラリンピックの開催を決めて，それを実施した初めての元首になりたい希望を持っていたという。それが政治的レガシーとなるというが，それ以上に，ひとりの首相の下で，2回も引き上げたというのは日本で前代未聞であり，まさに経済的レガシーに値する。

　アベノミクスでは2014年に3％の引き上げ，2019年に2％の引き上げを行った。2014年の消費税率引き上げの場合，経済白書2015年版によると，2014年度の個人消費を前年比0.9％ポイント程度，GDP全体を同0.5％ポイント程度押し下げたとされている。2019年の消費税率の引き上げ時には，2019年10－12月期のGDPが年率7.1％減少した。これも増税の影響に他ならない。増税が経済に冷や水をかけるのは自明の理である。増税を行えば，消費が減り，それに応じてGDPが減ってしまうのはやむを得ない。

2）消費税率を引き上げる理由

　なぜ消費税率を引き上げることにこだわったのか。それには，2012年12月末時点で「国の借金」が997兆2,181億円という背景があった。1,000兆円も国債や借り入れがかさんでしまっていた。2013年度予算は92兆6,000億円。そのうち約22兆円は国債の返還に充てる費用となっていた。政府の歳入の約4分の1は，借金返済に使っていることになる。純粋に20兆円で国債や借金を返していくと，1,000兆円を返すのに50年もかかってしまう。

　政府の借金に対して何も策を講じないと，こうした国債を含む政府の借金がその後も積み増されていくことになる。借金が大きくなると，歳出を圧迫してしまう。財政赤字である。それを減らすためには，税収を増やす必要がある。

　所得税の増税は，景気に左右されるし，働いている人たちの意欲に影響する。法人税を引き上げると，企業が設備投資をしなくなってしまう。景気に左右されずに安定的に政府の税収となるのは消費税である。所得税や法人税を直接税と呼ぶのに対して，消費税は間接税である。読者の皆さんも，外国に行った場合買った額に相当高い率の間接税がかかってきた経験があるであろう。政府の収入を増やすため，アベノミクスでは前政権との約束の消費税率引き上げを行うに至ったのである。

3）評　　価

　国民はこうした増税を批判する。そして経済学者やエコノミストも，消費税率引き上げ直後の経済全体が悪化した数字を批判する。だが，絶対悪くなり批判される政策を，ひとりの首相が在任中に2回もやったというのは驚くべきことで，高く評価すべきことである。時間がたてば，後世の人たちも，その政策の実行を高く評価するであろう。消費税を導入した竹下登首相，消費税率を3％から5％に引き上げた橋本龍太郎首相。そのときはさんざん批判されていたが，今やその点で彼らを批判する人はいない。それと同様に，自分が恨まれることを知りながらも消費税率を2回も引き上げたアベノミクスは，評価に値

するであろう。ただ，大方の評価を受けるのは将来のことになるであろうが。

2．租税の理論[14]

1）わかりにくい

　ただ，2019年の消費税率引き下げはわかりにくいという点がある。コンビニでお弁当を買った場合，店内で食べると税率が10％，持ち帰ると8％ということである。それをコンビニ側がお客に尋ね，どちらかを課税する。お客はうそをつこうと思えばつけてしまう。

　そのように民間人にうそをつく機会を消費者側に与えるというのは問題である。買った後，突然雨が降ってきたため，持ち帰りのはずが店内で食べることになったときはどうしたらよいのか。法律どおりならば，2％を納めるためにもう一度レジに並ぶのか。納税に関してはよりわかりやすくしてほしい。

　課税の法則に3原則がある。公平の原則，中立の原則，簡素の原則の3つの原則である。

2）公平の原則

　公平というのは，いうまでもなく不公平にならないようにすることである。国民が税負担に対して不公平感を抱かないようにする必要がある。税負担額は公平になるようにしなければいけない。しかし，公平という言葉には，考えなければならない点がある。何をもって"公平"というのか，意見が分かれるからである。"形式的公平"と"実質的公平"の議論がそれである。その点に関して，ここでは水平的公平と垂直的公平について考えてみよう。

　年収300万円の人と年収1億円の人がいたとしよう。所得税が一律20％であったとすると，年収が300万円の人は60万円を税金で納める，年金1億円の人は2,000万円を税金で納める。残った使えるお金を可処分所得と呼ぼう。年収300万円の人の可処分所得が240万円しかないのに対して，1億円の人の可処

分所得は8,000万円もある。前者は生きるか死ぬかのぎりぎりの生活を余儀なくされるのに，後者は8,000万円で優雅な生活を続けられる。これでは不公平である。所得税率を一律に決めるというのは公平ではあるが，同時に不公平という矛盾をはらむ。

このようなときは垂直的公平が望ましい。年収500万円以下の人の所得税は10％，年収3,000万円以上の人の40％というように，年収の大きさによって所得税率を変えたとしよう。すると，年収300万円の人の可処分所得は270万円，年収1億円の人の可処分所得は6,000万円となる。前者も270万円ならば生活していけるであろうし，後者も6,000万円は自由に使えるのでやむを得ない。政府は所得の多い人からの税収を多くして，所得の少ない人からは少なくする。このように公平を保っていくのが垂直的公平である。ただし，高所得者の税率をあまりにも高くしすぎると，働く意欲を失ってしまうので要注意な点である。

また，ときに世代間の不公平も問題になる。50年前の高度成長期には，消費税もなかったし所得も年々10％も増加していた。しかし，いまや年率1％も年収が上がればよいほうだし，10％の消費税を国民全員が負担している。消費者の負担感が違う。かつての国の借金を今の世代で返させられているイメージになっている。これについて，社会保障費のための消費税率の引き上げと政府はいうが，そもそも公共事業にお金を使いすぎて借金がかさみ，社会保障費に回すお金が足りなくなったからである。このように，公平性の観点として世代間の不公平という問題もある。

3）中立の原則

中立性とは，課税が企業の生産活動や消費者の消費活動に悪影響を与えないことを指す。企業は利潤を最大にするような生産量を生産している。消費者は自分の効用，つまり心の満足が最大になるように消費をしている。その状態が乱されることをできるだけ防ぐように課税を行わなければならない。

後述の漁業の規制の箇所で，政府が数量規制を行うと死荷重という無駄が発生することを説明する。政府が市場に介入すると死荷重（社会的総余剰の減少

分）が発生する可能性がある。課税によって死荷重をできるだけ発生させては
いけないというのが，この中立の原則である。経済市場の効率的な動きを政府
はできるだけ妨げないようにしなければならない。

4）簡素の原則

　簡素の原則とは，税額の計算や徴税の方法などはなるべく簡易にし，国民に
対する透明性を確保するという原則である。誰が見てもわかりやすい課税方法
をとらなければならない。ただ，この原則を追求してしまうと，後述の森林環
境税のところで理論的に説明する定額税（＝1人当たり一律の金額を徴収する。
人頭税ともいう）が最善になり，公平の原則に反してしまうという問題がある。
　「課税方法は簡易なほうが良い」というのは当然のことである。ところが，
前述の，イートイン（店内で食べる）か持ち帰るかを自己申告制とし，その後
変更すると消費者が悪いという立場になるのは，この簡素の原則に反している
ように見える。また，消費者がうそをつくかもしれない。税務署などで国民は
国にうそをつくことはないが（＝税金の申告は正確に行わなければならないこ
とになっている），目の前にいるアルバイト店員にうそを言ってはダメなのか
どうか。前述のように，国民にうそをつかせる機会をつくるのは簡素とはいえ
ない。
　シンプル　イズ　ベスト。誰にでもわかりやすく，国民がうそをつく機会はな
くすほうが良い。2019年の消費税率引き上げについては，この原則が気にかか
るところである。

3．消費税率引き上げとナッジ

　2019年10月，政府は消費税率を8％から10％に引き上げた。その際，政府は行動経済学のナッジという手法をとった。ナッジとは「肘で押して促す」という手法で，ダイレクトに，○○をしろと指示するのではなく，やさしく行動を促すというものである。近年，海外でもこの手法が多用されている。海外では，政府がチームを組んでナッジの政策を行っているところもある。日本でも，ナッジの手法を政策に取り入れ始めた。

　消費税率を引き上げた際にとられたナッジは，キャッシュレスで支払った場合にポイントの還元があることだった。2020年6月まで，キャッシュレス決済した場合，税込み価格の最大5％が還元されるというものであった。中小のお店だと5％分が，そしてコンビニなどの大手チェーン店だと2％分が還元された。期限付きでポイント分が手に入るとあれば，消費者は消費に利点を感じて買い物をし続けることになる。ポイント還元こそがナッジ政策であった。

　政府の目論見は，消費税率アップで大幅に落ち込むであろう消費に歯止めをかけることだった。しかし，政府の意に反して，2019年10－12月期のGDPは年率7.1％も下がってしまった。どうやら，このナッジの政策は成功しなかったといってよいであろう。そのあと挽回したかどうかについては，新型コロナウイルス感染が起きてしまい藪の中となった。消費者の気持ちに，ポイント還元の5％の儲けよりも消費税率引き上げ分の2％の損失のほうが大きく感じるという損失回避という行動経済学の行動が出たと思われる。同じ金額でも得るときの喜びよりも，失うときの衝撃のほうが大きい。つまり，人は得よりも損を嫌うということである。この損失回避効果がナッジ効果を上回り，ポイント還元は効果が薄かった。

4.今　　後

　前述のMMTは，まだ実験段階といえる。消費税の増税については財政赤字を問題としたが，MMTでは歳入不足を補うのに国債をいくら発行しても大丈夫だとする。その仕組み，理論が永遠に続くかは実験段階である。それがうまくいかなかったとき，やはり財源を確保しておく必要がある。安定的な財源が消費税である。万一のときにも安心できるのが消費税なのである。

　国，特に財務省は今後も消費税率のさらなるアップを考えている。アメリカのように，間接税があっても消費意欲が活発ならばその考えでよいであろう。高齢化が進み，コロナ禍後の消費の動向が心配される日本においては，これ以上の消費税率のアップに対しては慎重に考えなければならないかもしれない。

　ともあれ，ひとつの政権で2回も税率をアップして，その財源を勇気をもって拡大したことでアベノミクスは評価される。

第9章

働き方改革[15]

1．一億総活躍社会

　一億総活躍社会とは，国民全員が活躍できる社会のことである。といっても，わかりにくい。今後，日本の人口が減っていくことが予想されている。しかも，2048年には1億人を割ってしまうことが予測されている。それに対処するため，アベノミクスにおいて，2015年に「戦後最大の名目GDP600兆円」，「希望出生率1.8」，「介護離職ゼロ」が目標として掲げられた。

　今述べたように，2020年度にGDPが600兆円を超えることを目標にしたが，2019年度名目GDPは552兆円であり目標には程遠かった。消費税率を2019年に引き上げたことと，2020年に入って新型コロナウイルスの感染が広がったことで，経済は伸びるどころかマイナスになってしまった。

　赤ちゃんに関しても，2019年の出生数は過去最少の86万5,234人，合計特殊出生率も1.36だった。合計特殊出生率とは，女性が一生で産む赤ちゃんの人数の平均数である。この値は，目標の1.8に近づいたどころか，前年から比べて0.06％下がってしまった（厚生労働省人口動態統計月報年計）。

　2017年の介護離職者数は，総務省「就業構造基本調査」だと99,000人，厚生労働省資料だと93,000人だった。介護離職とは，親族の介護や看護のために仕事を辞めることで，その人数が毎年9万人から10万人だったということである。目標のゼロには程遠い。厚生労働省によれば，2000年度末の要介護認定者数が

256万人だったが，2017年度末には641万人にもなってしまい，介護のため職を離れざるを得ない人が増えてしまった。

　今後の人口の減少に備えて，まずGDPを増やして個人の所得を増加させる，出生率を上げて労働人口を増やす，介護離職を減らして労働人口を減らさないという理想は，なかなか達成の糸口すら見えていないという状況である。

２．働き方改革

　とはいえ，一億総活躍社会の考え方は悪いことではない。この一億総活躍社会を実現させるために，労働者を増やす，生まれる子どもの数を増やす，１人当たりの生産額を伸ばすという働き方改革が考えられた。具体的に３つの改革が考えられた。第一は，長時間労働を解消することであった。第二には，正規雇用と非正規雇用の待遇の差が歴然としていたので，その差を解消することであった。第三は，多くの高齢者や女性に働いてもらえるようにすることであった。

　第一の時間外労働に関しては，年間720時間以内に制限された。月単位では休日労働も含めて月100時間以内でなければいけない。２〜６ヵ月を平均して80時間以内でなければならないこととなった。働く時間を絞れば，余暇の時間が増える。その時間を有効に活用すれば，人生で充実した時間を過ごすことができよう。ただ，働きすぎに上限を設けたものの，逆に月100時間だと，それだけ働かされかねないという危惧も生まれた。より多く働ければ収入が増えるにもかかわらず，収入を抑制されてしまうという心配もある。企業が特定ノウハウをもつ従業員にさらに多くの時間を働いてほしいにもかかわらず労働時間が規制されていると，働いてもらえないのでその企業が伸び悩んでしまう心配も出る。経済全体で多くの心配がある。

　第二は，正規雇用と非正規雇用の待遇の差の是正である。正規雇用労働者と非正規雇用労働者の待遇の差は歴然としていた。賃金にも格差があった。格差のあった賃金に関して，同じ作業であれば同一賃金が受けられるように改革が

進められた。いわゆる同一労働・同一賃金と呼ばれる改革である。

　また，正規雇用の人に非正規雇用に対する差別意識がないかというと，必ずしも否定できない。もし非正規雇用の人が自分たちと同じ仕事をしたら，何かの問題が起こるかもしれないという不安を抱いている可能性がある。非正規雇用の人を正規雇用にするのは，それなりにリスクが生じると考えるかもしれない。非正規雇用の労働者を正規に雇用にするかどうかの判断を正規雇用の人が担っているので，非正規労働者が正規社員になるには壁がある。

　アベノミクスはこうした格差の是正を図った。さまざまな格差を解消するよう努力した企業には，1人当たり50〜70万円ほどのキャリアアップ助成金を受け取ることができるようにした。企業にも非正規雇用の労働者を正規に雇用するメリットが生まれた。非正規雇用だった労働者の労働意欲が一層増すことになる可能性がある。課題といえば，企業が非正規労働者を正規化したときに生じる社会的な金銭負担であり，キャリアアップ助成金を出す財源を今後政府がどこまで捻出できるかという点である。

　第三は，高齢者や女性の就業促進である。女性に関しては子育てが終わって社会復帰しようとしても，第二であげた非正規雇用として雇われるケースが多く，正規社員との間に大きな格差をつけられてしまう。高齢者に関しては，健康寿命が延びて体力的にもまだまだ働けるのに雇用機会が少ない。筆者の独自調査（2020年8月，60歳以上300名対象。株式会社アスマークへ委託）では，70歳でも給料を受け取って働きたいという人たちが34％もいた。労働力が減ってくる中，このような状況ではもったいない。定年延長，継続雇用の推進，待遇の改善などを通して，高齢者や女性の就業を促進していく必要がある。

　今述べた「シニア側は働きたいか」のアンケート調査結果についてもう少し詳述しておこう。2020年8月，60代以上の人300名に対しての独自アンケートである。そこで，賃金を受け取る仕事について「あなたは70歳以上でも，給料がもらえる仕事をしたいですか。」という質問で回答を求めた。その結果が**図表9−1**である。

　なんと，34％の人が働きたいと答えている。シニアの3分の1が給料をもら

える仕事をしたいと思っている。働く意欲満々である。

　働く意欲のある人たちを年齢別に見てみると，意外にも，男性の場合，年齢が高くなるにつれて働きたいという意欲が高まっている。男性の場合，60代は4分の1，70代は3分の1，そして80代以上は4割の人が働きたいと考えている。就業意欲が年齢とともに高まっているといえよう。

　女性のほうは，年齢に従って就業意欲は下がっている。この傾向は予想どおりではあるが，ただ下がり方は少ない。60代では37.9％，70代では36％，そして80代は33.3％となっている。下がり方が2〜3ポイントに過ぎない。80代でも3分の1の人たちは働く意欲を持っているということである。

　これらの結果を見てみると，かつてとは違い，60代以上も80代に至るまで，まだまだ隠居の年齢ではないということがいえる。社会は経済で動いている。その経済社会に労働者として参加したいという意欲をシニアのある程度の割合の人たちが持っているということがわかった。

　社会に眠っている労働資源をいかに活用するかが，一億総活躍社会の実現や働き方改革を成功させられるかどうかのカギとなる。

図表9-1　あなたは70歳以上でも，給料がもらえる仕事をしたいですか。

	はい	いいえ	どちらでもない
全体	34.0%	51.3%	14.7%
男性60代	26.4	58.2	15.4
男性70代	35.8	53.7	10.5
男性80代以上	41.2	41.2	17.6
女性60代	37.9	48.3	13.8
女性70代	36.0	40.0	24.0
女性80代以上	33.3	55.6	11.1

資料：株式会社アスマークに筆者が委託して調べた独自アンケート（2020年8月）

第10章

環境政策

　アベノミクスでは，金融政策やインバウンド政策が目立っているが，その他の政策も着実に進められた。そのひとつは環境政策であった。安倍一強といわれる中，政策が通りやすい状況があった。環境関係でもいくつもの前向きな政策がとられた。アベノミクスでの環境政策として，ここで食品ロス，海洋プラスチック対策，森林保護の各政策を取り上げる。

1．食品ロス
―消費と「もったいない」，どっちを取る？―

1）食品ロス削減法

　2019年，アベノミクスの下，食品ロス削減法が施行された。正式には「食品ロスの削減の推進に関する法律」という名称である。その法律では，食品ロス削減を「まだ食べることができる食品が廃棄されないようにするための社会的な取組」と定義している。実際に食べることができるにもかかわらず捨てられてしまっている食品は多い。それを削減しようというわけである。そのために「①国民各層がそれぞれの立場において主体的にこの課題に取り組み，社会全体として対応していくよう，食べ物を無駄にしない意識の醸成とその定着を図っていくこと，②まだ食べることができる食品については，廃棄することなく，できるだけ食品として活用するようにしていくこと」が掲げられた（消費

者庁「食品ロスの削減の推進に関する法律の概要」より）。

　我々が目の当たりにしてきた食品ロスは，我々の心を痛めてきた。このように食品ロスの解決が急がれている中，この法律が制定された。もったいない気持ちだけでなく，実際に資源が捨てられているのは経済効率を悪化させている。他方，経済にとってたくさんの消費が必要なので，食品ロスが発生するほどの消費を行ってもらわなければ経済が成り立たない。まさに，食品ロスと経済は競合関係にある（＝競合関係：こちらを立てればあちらが立たずという関係）。その点で政府にとっては痛しかゆしではあるが，アベノミクスで食品ロス問題にメスが入れられた。

2）食品ロスと経済の競合関係

　2018年度の日本の食料自給率は37％（カロリーベース）であった。過去最低だそうだ。他方，食品ロスが深刻だった。2016年までの食品ロスをグラフ化したものが**図表10－1**である。いずれも年間600万トン以上であり，もったいない限りである。

　前述したが，経済は消費が行われれば行われるほど活発化し，成長する。売

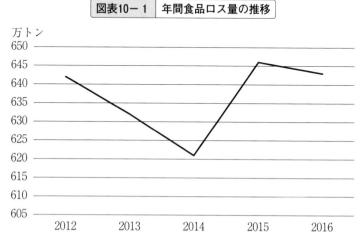

図表10－1　**年間食品ロス量の推移**

出所：「食品ロスの現状」農林水産省（2019年4月公表データによる）より筆者が作成

れる前に売れ残って廃棄するのは経済の役に立たないが，いったん消費者が
買った後廃棄すれば，その金額が大きければ大きいほど経済には貢献すること
になる。経済成長は食品ロスの問題とは対極となる。消費が活発化するには，
人がモノをたくさん買わなければならない。かつ，ごみ処理の段階で産業廃棄
物産業を活性化させている。この食品ロスは，一方で「もったいない」を助長
しているが，他方で経済成長を支えてきた。この競合関係が食品ロスの問題を
複雑にしている。

3）食品ロスの原因

　なぜ食品ロスが起きるのか。第一に，小売店に関しては，賞味期限，消費期
限の設定があり，その間に売れなかった食品があまりにも多いことである。口
に入れるものであるから，食品としての再利用というわけにはいかない。食品
としての再利用を行わせていないことで，日本全体の健康や清潔さが保たれて
いる。
　第二に，レストラン，ホテルなどの事業者は，材料を多めに仕入れておかな
ければならない。コロナ禍以前のホテルではブッフェスタイルが定着していた
が，余分につくっておかないとお客からクレームがくるし，足りないとイメー
ジが悪くなる。それに対して，航空機の機内食は客数とピッタリの食数を準備
し，それで足りさせていると聞くから見事である。
　第三に，一番大きい原因は，なんといっても消費者の買いすぎで，余らせす
ぎということである。買うときは1円，2円でも安いほうを選ぶのに，買って
しまうと安心して，食材を余らせたり腐らせたりしてしまう。食べ残しも目立
つ。膨大な損失だが，経済行動では目の前でお金に換算されないとなかなか実
感ができない。消費者の買いすぎ行動が食品ロスの大きな原因になっている。

4）消費者と事業者

　では，消費者と事業者，どちらが食品ロスの元凶となっているのか。農林水
産省のデータである。

図表10-2	食品ロスの内訳

	2015年	2016年
事業系食品ロス	357万トン	352万トン
家庭系食品ロス	289	291

出所：農林水産省「食品ロス公表について」（https://www.maff.go.jp/j/press/shokusan/ka
nkyoi/190412_40.html）

　この表を見ると，事業系食品ロスが家庭系を上回るが，大体半々ともいえる。2015年から2016年にかけて，事業系食品ロスは減っているが，家庭系のそれは増えている。

　衝撃的な数字（上記HPより）は，2016年度のケースで家庭系のごみ（廃棄物処理法における食品廃棄物）は全部で789万トンなのに，そのうちまだ食べられるのに捨てられているものが291万トンあった，という事実である。まだ食べられるというのは，「食べ残し，過剰除去，直接廃棄」を指すとのこと。家庭ごみの4割が食べられるのに捨てられているということである。最初からその分を買わなければよいのに，と思ってしまう。他方，事業系のケースでは，食品廃棄物が全部で1,970万トンであり，そのうちの352万トンが食品ロス分（規格外品，返品，売れ残り，食べ残し）である。さすがに採算を考える企業の事業系食品ロスのほうが家庭系よりも割合が少なくなっている。

5）消　費　者

　認知的節約という行動経済学のパターンがある。正確に考えることなしに，これまでの自分の行為に従ったり他の人がやることに従い，自分では考えないで行動することである。考えることを節約してしまうことである。

①　お店での買い方

　期限切れの近い商品の購入を防ぐため，消費者も棚の手前から取り出すのではなく，奥の方から取り出すという買い方を行っている。他の人がやっている

からというのもあるが，事実店側が棚の奥に消費期限の長い商品を置いているのをこれまでに学習してきたからに他ならない。奥のものが新鮮だから買うという，認知的節約行動に他ならない。あとから，「捨ててもったいない」「もっと新しいものを買えばもっと長持ちしたのに，健康に良かったのに」と，後悔したくないという，行動経済学の後悔回避行動にもつながっている。わざわざ消費期限や賞味期限を1つひとつ見るのは面倒だし，その姿を他の人から見られるのも嫌である。したがって，棚の後ろの商品を買ってくる。認知的節約行動や後悔回避行動を消費者がとっており，これは賢い買い方をしているということになる。

　だが，必要悪として消費期限切れの食品が発生してしまう。事業系の食品の廃棄が多いのも，こうした消費者の認知的節約行動や後悔回避行動によるのも一因である。では，どうすればよいか。その回答がなかなか見つからない。貧困家庭などの子どもたちに食事をふるまう「子ども食堂」に寄付されるケースもある。より多くの食品がそのような使われ方をすることを望む。少なくとも，消費者が棚の前の商品からとっていくよう協力しなければ，この問題は解決しない。

②　買いすぎ

　前述のように，消費者は，1円安い，2円安い，10円安いということで安いものを一生懸命買う。しかし，捨てることに関しては，1円の無駄，2円の無駄，10円の無駄を考えない。数百円，数千円単位で平気で捨てている。買って安心してしまっている。捨てることでお金を損しているということを考えた消費生活をしていない。その点では，まったくざる状態になってしまっている。この消費形態が，家庭系の食品ロスを増やしている。

　行動経済学に「心の財布」という概念がある。レストランで2万円の料理を食べた後，タクシーで帰らず電車で帰るという節約がこれに当たる。レストランで開けた財布の価値観と帰りの交通手段に関して開けた財布の価値観が異なるというものである。支出するケースによってお金の価値観が異なってくる。

食品を買うときは，1円，2円を惜しむ心の財布がある。食品を一度買ってしまうと，それを捨てるときには何百円が惜しくないという心の財布がある。この心の財布のアンバランスが食品ロスを生む。買ったときの価値観で，買った食品を最後まで扱えば食品ロスはより少なくなるであろう。ところが，買ってしまうと，その後はさまざまな事情で心の財布での尺度が変わってしまう。もったいないという気持ちの財布よりも，仕方ないという気持ちの財布になってしまう。

③　賢い消費者

　では，賢い消費者を育てるにはどうすればよいのか。食品に関しては環境に配慮することがアベノミクス下での法律に加えられている。また，政府が宣伝する形で国民に環境教育もなされている。それによって，相当の食品ロスがなくなったと思われる。

　もうひとつの手段は，行動経済学的手法を使うものだ。前述のように，ナッジという手法がある。ナッジというのは直接指示するのではなく，気づかれないで誘導するという手法である。食品ロスを抑えるためにナッジを使いたい。難しいのは自宅でごみを減らすという行動にインセンティブを与えることだ。買い物を減少させようとするインセンティブとして，軽減税率などやめて食品に消費税をちゃんとかけるのもひとつの方法である。しかし，それが無理だからこそ，食品を捨てることを躊躇するよう，行動経済学の手助けを必要とする。

　小山田（2018）は，外食産業でのナッジを提案している。ビュッフェ形式のレストランで，一度にたくさん盛り付けることがお客の残す原因になる。そこで，「何度でも取りに来てください，その都度作り立てがあります」とお客にアナウンスすることで，一度にたくさん盛ることを防ぐことができるという。

　行動経済学で「心の財布」の存在を定義しているほどだから，前述の問題点での消費者の行動を簡単には変えられないであろう。人間の性（さが）として，その度に財布が違うのは仕方ない。すべての食品ロスをなくすことを最初から目指すのではなく，ナッジの方法を使って一歩一歩進むことが重要となろう。

捨てるときも「1円でも節約」という点で食品の心の財布を統一してもらえる
よう促すナッジがあればよいのだが。

6）事 業 者

　事業者側については，アベノミクス以前の2001年に食品リサイクル法が施行
された。食品製造業，食品小売業，食品卸売業，外食産業で食品の残りをでき
るだけ少なくすること，食品廃棄物が出たらできるだけ肥料や飼料に回すこと
が趣旨としてうたわれている。食品のリサイクルの実行を促した法律である。

① 不　　正

　かつて悲しい事件が起きた。めんつゆの缶詰が消費期限切れで返品になった
が，それに日付を打ち直してまた流通させた。牛乳で賞味期限切れになったも
のをまた詰め替えて流通させた。返品されたあんこ製品のあんこを再利用して
また流通させた。賞味期限切れ，消費期限切れの返品物を再流通させる事件が
後を絶たない。これは食品リサイクル法の趣旨とは明らかに違う。

　このようにすれば利益が上がる。廃棄せず売れるのだから儲かる。廃棄する
のにかかる費用もかからないですむ。二重三重に儲かる。だが，これらを行う
事業者には老舗が多かった。老舗がそこまでして利益にこだわっているのであ
ろうか。もうひとつの理由として，自分たちがせっかくつくった商品に愛着が
あるのかもしれない。捨てなければならないと法律で決まっていても，せっか
くつくった商品であり，気持ちのこもった商品である。それで，つい再流通さ
せてしまう。もったいないという気持ちもわからないでもない。

　食品業者から廃棄を依頼された廃棄物を産廃業者が転売するという，ただ儲
けるために行っている不正もあった。これだと，食品ロスは減るが消費者はた
まったものではない。食品ロス削減との引き換えに消費者の安全が脅かされる。
消費者の見えないところで，こうした違法行為が必要悪とならないよう，不正
を根絶しつつ食品ロスを減らす有効な方法を考えたい。

②　コンビニ

　コンビニのお弁当などの食品は，賞味期限が過ぎるとこれまで廃棄されていた。もちろん食品リサイクル法に沿った処理はされていたであろうが，人間が食べるものを本来の目的に使わない量が多ければ，食品ロスといってよい。

　スーパーマーケットでは，閉店前に値下げしてすべて売っていた。しかし，コンビニの場合は24時間営業で，次々に新しい商品が入ってくる。賞味期限，消費期限が迫ったものを安売りしていると，新しく仕入れたものが売れなくなってしまう。そのような理由からも値下げすることができなかった。従業員が食することもできなかった。これまで形づくっていたコンビニの知恵だったのであろう。

　だが，その量があまりにも多くなったので，値引きして販売することを各業者とも可とする流れになった。24時間営業の営業形態も見直されようとしている。コンビニが業務用食品ロスの蛇口のひとつのような役割を果たしていた。コンビニがその蛇口の勢いを弱めようとしている。次々に新商品を開発するコンビニであるが，それらの商品が売れ残った場合の心配をするようになったのである。

　新商品開発や日常のお弁当などの食品販売で，売れれば売れるほど儲かるコンビニは日本経済を牽引している歯車の一部である。経済成長と環境保全の競合状況をコンビニがうまく解決してくれることを望む。大元の本部の方針はともかく，各店舗は小さく小回りが利くはずだからである。

7）結　　び

　食品というのは，結局人間の胃袋に入るものである。日本人の胃袋の大きさが2倍にならない限り，日本の食品の消費量も2倍にはならない。つまり，胃袋の大きさは限られているということだ。農林水産省によれば，2016年は食品が8,088万トン供給された。前述では，650万トンがロスとなっていたから（廃棄物の総量は1,970万トン），日本の食品の約8％が食品ロスということになる。胃袋に入っているのは，5,500万トンということになる。これが日本人の胃袋

のキャパシティである。

　日本人が1割ちょっと余分に食べれば食品ロスはなくなる。しかし，現実的ではない。生活習慣病のオンパレードになってしまいかねない。結局は，食品ロスを少なくする手立てを考えなければならない。めんつゆ，あんこなどのリサイクルについては，筆者は不正を行った前述のメーカーの気持ちがわからないではないが，違法は違法である。一度許せば際限なく古いものが出回り，国民の健康を害しそうだ。こうした問題点を考えると，食品をリサイクルして良しとすることは，なかなか難しいであろう。

　現在は食品ロスが極限まで達し，資源活用の非効率性が目立つ。前述のアベノミクスの食品ロス削減法と，それ以前に施行された食品リサイクル法が食品ロス解決の両輪としてうまく機能してほしい。かつ，経済面を考えると，消費額をあまり減らさずに食品ロス削減を達成させることが大切だ。至難の業でもあるが，食品ロスを恐れて消費者が買わなくなる，高齢化社会プラス人口減で消費全体が縮小する，こうしたマイナスの問題にも対処しつつ解決していかなければならない。難しい舵取りである。政府としては，2つの法律を武器にその難しい舵取りを行って，食品ロス問題解決に一歩でも近づいてほしい。

2．海洋プラスチックごみ問題
―アベノミクスでのレジ袋有料化[16]―

1）レジ袋の有料化

　2020年7月からレジ袋が有料化した。スーパーやコンビニで買い物をする際，それ以前は無料だったレジ袋が有料となった。これもアベノミクスの経済政策の重要なひとつとみなすことができる。

　ニュースで見るように，海に流れ出ているプラスチックごみは深刻な問題となっている。非常に細かく微細なサイズになって散らばっている。海洋生物がこれらを餌と間違えて食すると，胃から出ることがなく，彼らの生命も脅かさ

れてしまう。2016年1月にスイスのダボスで開かれた世界経済フォーラムでは，このまま何もしなければ2050年までに世界の海に漂うプラスチックごみの量は魚の量を上回るとまで報告されている。ゴミの量が魚の量を上回りかねない危機的状態になる。海洋プラスティックごみについて解決を図っておかないと，取り返しのつかないことになる。

　海洋ごみの中でもプラスチックは，日本だけでなく世界的な課題である。海洋プラスチック汚染の原因のひとつが消費者が買い物時に使うレジ袋であった。世界で捨てられているレジ袋の数は年間で300億枚〜450億枚といわれている（正確には把握できない）。日本でも年間30万トン以上のレジ袋が捨てられている。

　そこで，世界ではそのレジ袋を減らす取り組みがなされてきた。

　2015年7月　ハワイ（アメリカ）：レジ袋配布の全面禁止

　2015年10月　イギリスでレジ袋の有料化

　2016年7月　フランス：使い捨てレジ袋の配布禁止

　2018年　　　ニュージーランド：約1年間プラスチック製レジ袋の使用禁止

　2019年1月　韓国：レジ袋の配布禁止

　2019年5月，安倍内閣はプラスチック資源循環戦略を策定した。日本でも海洋プラスチックごみの量を減らすのがこの制度の趣旨である。日本は1人当たりの使い捨てのプラスチックごみ発生量が多い。世界では，アメリカに次いで2位だそうだ。日本人は1人当たり1日約1枚のレジ袋をゴミにしている（環境省の調査）という。プラスチック資源循環戦略の内容のひとつとして，レジ袋の無料配布を禁止した。そのレジ袋の廃棄を減らせばプラスチックごみの減量につながる。レジ袋がなくても，自分でエコバッグを用意すればよいので不便はない。そこで，アベノミクスでは，消費者対象の政策として2020年7月レジ袋の有料化を導入した。

　レジ袋は1枚3円，5円等と価格設定されているようだ。多くの店がレジ袋を少し高めの金額で設定しているが，利益が目的ではない。レジ袋から得た収益金は「使い道は事業者の自由ですが，消費者の理解促進の観点から，事業者

がその使い道について情報発信するのが好ましい」（環境省：プラスチック製
買物袋有料化実施ガイドライン）とされていて，事業者が自由に活用できる。
同時に，事業者は政府へレジ袋の使用量を報告しないといけない決まりとなっ
ている。もし使用量が多いと，政府から勧告を受けてしまう。勧告に従わな
かった場合には，事業者名の公表がなされる。

　ただし，レジ袋有料化といっても，すべてのレジ袋が義務づけられたわけで
はない。例えば，海で分解されるプラスチック，つまり海洋生分解性プラス
チックを素材にしたレジ袋には課金されない。他に，バイオマス素材が25％以
上配合されたレジ袋や，逆に厚さが0.05mm以上もあって使い捨てではない再
使用可能なレジ袋であるならば，無料で配布してもよいことになっている。

　有料となっていないレジ袋もある。同じスーパーのビニール袋でも，有料化
の対象になっていないものもある。生鮮食品用の透明の袋である。その袋がな
いと生鮮食品を購入した人は持って帰ることが難しいからである。他に，試供
品を配る場合に使用するレジ袋，フリーマーケットのように事業の反復性が認
められない場合のレジ袋については無料にしても構わないこととなっている。
これらの点で柔軟な制度となっている。

2）レジ袋有料化のもうひとつの目的

　日本でレジ袋を有料化にしたところで，世界の海洋ゴミ減少にどこまでつな
がるかはわからない。日本のごみ処理のシステムはしっかりしており，捨てら
れたごみ袋を海洋に流すという構造にはなっていないからである（＝ただし，
夏のニュースで海岸にごみが捨てられているという状況をしばしばみる）。今
回のレジ袋有料化のもうひとつの狙いは，国民の意識改革にあった。プラス
チックゴミを減らすことは，地球温暖化対策にも貢献する。レジ袋ではなくエ
コバッグで代用してもらうことにより，いかに人々にプラスチックに代替でき
る再生可能な資源があるかに気づいてもらいたいという趣旨である。レジ袋の
有料化にともなってエコバッグの活用が増えたので，一定の成果があった。

　良いことをしたといっても，少し時間がたつとそれを忘れてしまい，国民が

また元の意識に戻ってしまうと困る。だが，レジ袋を有料化しておくことは，環境を守ることの大切さを消費者に買い物のたびに思い起こしてもらう効果が見込める。アベノミクスはそうした意図も持っていたのであろう。

3）結　　び

　ピンチはチャンスの代名詞である。海洋プラスチック問題で世界中の海と生物がピンチになっている。レジ袋の有料化は，国民に対しての環境意識の再教育のチャンスでもある。ごみが生物資源を脅かすという，たいへんわかりやすい例である。目の前のレジ袋が海洋生物の食べ物になってしまうというのは実感がわかないものの，レジ袋の有料化はレジ袋を使うことは良くないということをその都度思い出させてくれる。なぜレジ袋が海洋汚染をするかについては，別途その長いプロセスをわかりやすく国民に伝える必要があるであろう。

　地球温暖化も海洋プラスチック問題も，自分たちが汚染者だという実感を持ちにくい。20世紀型のわかりやすい環境汚染ではなくなっている。工夫を凝らした環境の社会教育が期待される。レジ袋有料化は，21世紀の経済の仕組みの中に導入された環境の社会教育であるといえよう（＝個人が直接お金を出して，その都度環境の大切さに気づかされる教育ということになる）。

3．アベノミクスの森林改革[17]

1）森林環境税

　アベノミクスで森林環境税や森林環境譲与税の導入が決まった。2024年度から実施される。

　この記述だけでは，「また増税か」と嫌気がさす読者も多かろう。その背景を説明しよう。森林は外部経済（＝経済的取引以外で経済社会に利益をもたらすこと）をもたらす。つまり，森林では，木自体の取引でお金のやり取りをする以外に，お金のやり取りのない多種多様な外部経済が発生している。多くの

水が確保できる，きれいな空気を確保できる，栄養が川を通じて海に流される，海や川の魚を育てて漁業を守る。外部経済として森林はいろいろな良い機能を発揮している。

　水道の水が飲めるのは，森の多い日本くらいともいわれている。たとえ都会に森は少なくても，都会に流れ込んでくる川の上流に森が多い。したがって，日本中どこでも水道水を飲むことができるという。

　だが，森を管理する費用は，都会の人ではなく森林を抱えている地方だけが負担していたのがこれまでであった。都会側は，対価を支払わないで外部経済の恩恵を受けるという不平等な状態になっていた（＝だから，外部経済と呼ぶのでもあるが）。いわゆる都会側のフリーライダーという状況だった。森林を十分整備するために必要な税源を確保するための制度が必要といわれて久しかった。森林環境税や森林環境譲与税によって，その税制がようやく実現した。

　1997年に京都で開催された国連気候変動枠組条約第3回締約国会議で，温室効果ガスの削減が取り決められた。京都で決まったことから京都議定書と呼ばれる。2005年2月に発効（＝効力を持つ）した京都議定書で，各国にはいよいよ温室効果ガスの削減が求められた。日本でも温室効果ガスの削減の施策が考えられた。産業活動を大きく抑え込まずに効果的だったのが，森林を整備することであった。

　その結果として，2019年3月に森林環境税・森林環境譲与税が創設された。森林環境税と森林環境譲与税はどのようなものなのか。両者の関係は，集めることとその集めたものを分配することである。つまり，森林環境税として政府が国民から徴収した税金を都道府県や市町村に再分配する関係である。その再分配するときの呼び名が森林環境譲与税である。よって両者は一体のものである。ただし，森林環境譲与税の都道府県や市町村への譲与は2019年度から始まっているが，森林環境税として課税する時期は5年遅れの2024年度を予定している。この点から違う税制と勘違いされることが多い。

　この時期の違いは，森林整備が災害防止につながることが理由である。昨今の大規模な洪水災害などを抑止するひとつの方法は森林整備である。よって森

林整備は少しでも早く始めなければならない。そこで，地方公共団体金融機構の資金を利用しての分配が2019年度から始まった。

　なお，2024年度から課税される予定の森林環境税は，1人当たり年間1,000円を国に納める。そして，集まった全額600億円が森林環境譲与税として都道府県や市区町村に再分配される。客観的な譲与基準を設けて，森林環境譲与税は森が多い都道府県や市町村には多く渡されて，少ないところには少額しか渡されない仕組みとなっている。それぞれの地域の森林の実情に応じて幅広く活用できることになっている。

2）人　頭　税

　税の簡素性を追求すると，結局定額税が最善の課税方法ということになる。定額税というのは，1人につき○○円，と一定の税金を納入してもらうことをいう。いわゆる人頭税と呼ばれる。筆者はこれまで何冊かミクロ経済学の教科書を執筆したが，定額税の説明のときに人頭税を例にあげるものの，日本に人頭税がなく（＝世界でも簡単に見つからず）虚無感を持ちながら書いていた。1人当たり定額の税を徴収するなど，日本にはありえなかった。だが，ここに森林環境税という人頭税が登場した。これからミクロ経済学の教科書を書く人は楽になる。

　余剰分析の**図表7－1**を参照しよう。この図において政府が定額税を徴収する。「森林環境税を消費者から徴収する」ということは，この図の消費者余剰を減らすことになることが予想される。では，これら余剰から，税金分を差し引くと死荷重が発生して，税の中立性（＝死荷重がないこと）を乱すことになってしまうのであろうか。

　ここでは，消費者に1人当たりに課せられる定額税を「T」と表す。消費者（＝国民）が全部で1,000名いると仮定しよう。森林環境税が定額税として，1人につき一定の額（T）が課せられるので，この消費者1,000名は，それぞれ定額税（T）を負担することになる。消費者は1,000人いるので，消費者全員の負担額は，

$$T \times 1,000$$

となる。よって，森林環境税の課税後の消費者余剰は次のように計算される。

　　　課税後の消費者余剰 $= \triangle Ap^*E - 1,000T$

　ところで，課税額1,000Tは，税収つまり政府にとっての収入でもある。この経済には，消費者，生産者，政府が存在するということになっているので，その三者の余剰を足したものが総余剰となる。生産者には課税されていないので，その大きさは$\triangle p^*BE$のままである。よって，人頭税課税後の総余剰は次の式であらわされる。

　森林環境税課税後の総余剰 $=$ 課税後の消費者余剰 $+$ 生産者余剰 $+$ 税収
$$= \triangle Ap^*E - 1,000T + \triangle p^*BE + 1,000T$$
$$= \triangle Ap^*E + \triangle p^*BE$$
$$= \triangle ABE（元のまま）$$

　定額税を課した場合は，総余剰が$\triangle ABE$となり，市場均衡の場合（死荷重が発生していない場合）と同じ大きさである。定額税を徴収することによる税収は，すべて国民に余剰として還元されているので，実質的には課税前の総余剰と変化がない。

　以上の余剰分析から，定額税は資源配分の効率性を阻害しない「中立的な課税」とされる。すなわち，森林環境税は中立的な課税方法である。

3）国産材の積極的活用

　日本では戦後や高度経済成長期に多くの木々が植えられた。やがて木々が成長し，木材資源として利用できるようになって日本経済を支えると想定してである。しかし，木は材木として活用できるまで数十年を要する。今，当時植栽された木々がようやく成長して，家を建てられる太く立派な木材として利用で

きる状態になった。次の世代，その次の世代と脈々と受け継がれて初めて木は利用できるようになる。

　最近まで外国の木材が多く輸入されていて，日本の木材があまり使われていなかった。高度成長期の建築需要に国内の木材の供給が大幅に不足したため，木材に関しては早い時期から海外からの輸入がほぼ自由化されていた。日本の木材市場は外国からの外材に席巻されていた。そのために，日本の木が使われないから，日本の木は伐られず，あまり植えられない状態に陥っていた。

　このとき発生する問題は，若い木のほうが高齢の木よりもCO_2をたくさん吸収するということに関してである。年齢を重ねた木が多くなると，CO_2を減らすことができなくなる。木を刷新することが重要となる。つまり，日本の木が木材として積極的に使われ，新たに苗木が植えられるようなサイクルを促進する必要がある。

　林業が儲かる産業になり，林業のための木を順次伐って植えていけば，CO_2が吸収されて立派な森林が出来上がる。環境に配慮した素晴らしい日本の木がブランド化されれば，林業がますます収益の上がる産業となる可能性がある。この循環をつくることに意義がある。民主党政権時代の2010年に「公共建築物等における木材の利用の促進に関する法律」という法律が成立し，公共の建物をつくる際には国産材を使うことを義務化した。アベノミクスもこの流れを受け，国産材の使用を進め，2017年には過去30年間で最高の木材自給率36.2％を達成した。2020東京オリンピック・パラリンピックのための新国立競技場の建設に多くの国産材を活用したことは記憶に新しい。

　国産材を活用する心がけは国民の意思でできる。家を建てるときも，国産材を使用しているメーカーを選べばよい。国産材を使うということは，実は森林を整備し，そして地球温暖化を防ぐことにつながる。通常の経済活動として住宅建設を行う（＝住宅を建てるときは住宅投資という）ことで環境保全ができる。普通だったら，消費活動を行うと資源の枯渇につながると懸念されるが，林業の木材の場合，古い木がなくなれば新たな木を植えるという好循環を生む。今は住宅投資を促進してよい。林業の活性化は，環境保全と同時に経済の成長

につながる。日本は長い間，外材に頼り，その循環を活用してこなかった。もったいない。ただ，日本の木が製品化できるまで育っていなかったという事情もあった。今後ポストアベノミクスにおいても，アベノミクスから引き継いだ流れを絶やさず，日本の林業の活性化とそれによる地球温暖化防止を大切にしていくべきである。

４）結　　び

　日本の木材を活用することは，林業が儲かるだけではない。大きな目標として，森林整備による地球温暖化防止があった。京都議定書に基づいての目標達成を行える。それには，その循環のどこか１ヵ所だけが頑張ればよいというわけではない。林業活性化，古い木の伐採と新しい木の植栽，それによるCO_2の削減，地球温暖化防止というサイクル全体を機能させなければならない。

　環境保全は一筋縄ではいかない。森林整備による地球温暖化防止サイクルを実行していく一方で，新たな海洋プラスチック問題が浮上した。これとても，森林などにごみが捨てられれば，それが川に流れて海を汚染する構造である。森林を整備していないと不法投棄を行う輩が出てきて，この悪循環が発生するおそれがある。森林を放置するのは環境にとって非常に危険である。

　今後も，新しい研究で，海洋プラスチックのように環境にとって危険な現象が出現してくるかもしれない。原子力発電などの特殊なものを除けば，いずれも自然を守ること，ごみの捨て方や処理の仕方に注意を払うことが共通しての解決策のようである。

　アベノミクス後のポストアベノミクスでも，産業と競合するのではなく，林業と環境保全を両立させる姿勢を続けていっていただきたい。

> **一口メモ　著書紹介**
>
> 　林業の経済分析の研究書については，著者が編著者の代表となった次の本を参考にしていただきたい。
> 　水野勝之他『林業の計量経済分析』五絃舎，2019年
> 　経済学での計算結果から，林業が閉鎖的になっているという結論を出した。日本全体の経済を良くするためには，他の部門との取引が足りないという結論である。建設業やNPO法人などと交流して取引を増やせば，双方の利益が増える。ひいては日本経済全体にも好影響をもたらすというものである。

第11章

アベノミクスの防衛経済政策

　次に防衛政策を取り上げる。安倍政権では右傾化といわれる防衛政策が行われ，賛否が分かれるところであるが，本書では政治的な見解はひとまず横に置いて，経済に関しての面でアベノミクスの防衛政策について言及する。

1．防衛産業のイノベーション力

　アベノミクスで，避けては通れないのが防衛に関するテーマである。右傾化，タカ派というような見方がなされ議論を呼んでいたが，それに関する深い議論は他書に譲り，本書は経済書なので，経済面を中心に議論する。

　アベノミクスでの武器の輸出解禁，アメリカからの在日米軍費用負担増額の要求など，経済部門でもニュースが目立つ。それらは結局どうなったのであろうか。日本からの武器輸出がどんどんなされるようになったのか。ここで，アベノミクスで行われた防衛経済政策について見てみることにしよう。

　政治的にはさまざまな議論はあろうが，日本の防衛産業でイノベーション企業が育てば将来他産業にその技術が波及し，日本のイノベーションにプラスになるように思われる。本書は，イノベーションこそコロナ後の経済を立て直すという主張である。日本銀行が株を購入して企業を官営化するのではなく，自由な市場競争の中でイノベーション力のある企業を成長させるべきだという主張である。だが，防衛に関しては，各改革のわりにはそれがあまり進んでいない状況だったのである。

　防衛産業は秘密の技術を開発したり，相手に負けない防衛装備品をつくるので技術の宝庫のはずである。その防衛産業のイノベーション力が経済を成長させる原動力になる可能性があるのに，日本では心もとない。防衛産業の核であるはずの三菱重工でさえ，客船をつくれば赤字になる，国産旅客機はなかなか飛ばないというのでは，国民から見て日本の技術力が心配になる。三菱重工の防衛装備品技術はもっと劣っているのではないかと。

2．防衛に関するこれまでの制約

1）日本の防衛産業が後手に回る

　防衛装備品（＝日本では軍事装備品，ましてや武器とはいわない）についての議論が起こった。自衛隊は，2020年度以降ステルス戦闘機F-35を105機購入する。こうした防衛装備品はどこから購入するのであろうか。日本の企業から購入しているとすれば，ステルス技術を持ち合わせる日本の技術力は非常に高度であるということになる。そして，そうした技術の転用による日本経済への貢献も大きいはずということになる。だが，実態は違うようである。こうした防衛装備品はアメリカに頼っている状況だ。日本が国産化を放棄しているわけではなく，日本国産の余地ができるのをアメリカが阻止して，自国の利益を増やそうとしているといっても過言ではない。

　日本にも防衛産業がある。自衛隊に防衛装備品を提供したり，小型武器を輸出したり。小型武器の輸出というと不可思議に思う人もいるであろうが，猟銃やその弾丸などが小型武器に当たり，日本の技術力の高さから意外にも多くの輸出がなされてきた。ベルギーなどが買っていた。しかし，逆に日本は武器（国連の統計の用語）の輸入が10年連続で世界一だったこともあり，海外に防衛装備品を頼ってきたことは事実である。おそらく，日本側で勝手に修理することも許されないはずである。相手国の企業が日本に技術を教えなければならなくなるからだ。その結果，日本での防衛産業が成長しない，防衛装備品製造

技術が伸びない。

　インターネットはアメリカの軍事技術だったが，今や世界の経済を支える重要なツールとなっている。それだけ防衛関係の技術は高度であり，汎用性がある。つまり民間の経済に応用すれば経済全体を発展させる力がある。現状，わが国ではその機会が失われてしまっている。

　中国はアメリカの技術を盗んで発展しているとトランプ大統領は非難した。しかし，中国の技術力は侮れない。軍事についても相当な独自の技術進歩があるはずだ。日本はその技術進歩の機会を逸している。

　本書で，防衛を連呼するが，筆者が軍事評論家というわけではない。

　　「防衛産業の技術は極めて高度なはず→その技術が民間に転用され

　　　ると経済に大きくプラス」

この図式が日本では期待できないので，この図式を描きましょうと提案したい。

2）海外から購入するときの不便な点[18]

　例えば，自衛隊の制服についても海外に依存するのでは不便だという。桜林（2010）（2013）によれば，日本人の体格に合ったものができないからとのこと。外国人と日本人では体格が異なる。日本人の体形は欧米人よりも小さい。そのサイズに合った防弾チョッキの製造は，海外で行うよりも国内企業で行ったほうが良い。着ている人が動きやすい服装でなければ，防衛の効果は落ちてしまう。日本企業に頼りたいが，防弾チョッキ技術は海外に依存するため，ライセンス生産・輸入となってしまうという。

　また，海外から購入した防衛装備品だと，修理も相手国の事情に左右されてしまうという。桜林（2010）（2013）の例によると，藤倉航装がフランス製パラシュートの空挺傘696M１のライセンス生産をしていた。その空挺傘の修理が必要な場合，ライセンス生産の契約上日本では修理が行えなかった。フランス本国に送らなければならない契約内容になっていた。しかし，なんとフランスの企業側は休暇中ということで修理をしてくれなかった。自衛隊空挺部隊が降下訓練を再開するまでに７ヵ月もかかってしまったということである。

　海外の企業に依存していると，このように日本にとっては不便なことばかり
であった。思いもつかないような不便が生じる。体形上の不便，休暇制度上の
不便は一例で，この他にも多くの不便があったに違いない。防衛技術を持つこ
との大切さが少しおわかりいただけたであろう。

3）国内での調達の方法の不便[19]

　自衛隊の防衛装備品の調達についても，業者の指名入札に近かったものが，
市場原理の導入の流れにともない企業間競争を導入するということで，純粋な
競争入札になった（＝経済では公正競争で安価で品質の良いものが提供され
るから）。2006年に財務大臣通知「公共調達の適正化について」が出され，国
全体の調達について競争入札が原則となった。防衛装備品についても例外では
なかった。防衛装備品でも競争入札が促進されるようになった。日本の防衛産
業も調達において競争形態となった。この競争入札は日本の防衛産業にとって，
そして日本経済にとって良かったのであろうか。

　今回甲社はＡの事業がとれたが，次回はとれないというのでは，甲社はその
Ａの部門を本格的に拡大していけない。また，他社と組んでいた事業について
も，その他社が突然競争入札のライバルになるので，その会社と行ってきた共
同開発ができなくなってしまう。それでは日本の防衛装備品の技術進歩が遅れ
てしまう。桜林（2013）によれば，潜水艦建造において，競争入札導入以前は
三菱重工と川崎重工が技術的に協力していたのに，競争入札導入後はお互いに
競争状態になったため，開発技術を共有できなくなり，潜水艦建造技術の進歩
が遅れてしまったという。なるほど，競争入札で受注を逃すリスクを考えると，
大規模な研究開発や大規模な設備投資は行えない。高い技術力が要求される防
衛部門で技術が伸びないというのは，将来的に日本経済にとっても好ましいこ
とではない。

　このように，経済効率を善とする経済理論の競争の導入について，防衛部門
においては問題点をあげると枚挙にいとまがない。その中で，防衛産業の技術
をどのように発展させていくかを考えるのは容易なことではない。

4）GDP 1 ％枠

　自衛隊の防衛装備品についての制約は，防衛費の総額がGDPの1％以内という枠があったことである。三木武夫内閣当時（＝筆者は三木首相の清潔な政治姿勢を尊敬している），スタグフレーションからの脱出のための経済的考慮から，また三木武夫首相自身の政治信条から（＝当時は戦後30年で，国民の間でも防衛拡大は戦争につながる心配があると考えられていた），1976年に「防衛費はGNP 1％以内とする」という枠組みが閣議決定された。1％という数字は10進法での決め方であったが，その原則は最近まで実質的に守られてきた。

　1993年GNPからGDPに統計が変更された（＝GNPでは大リーグの大谷選手の所得が日本の所得になるが，GDPではアメリカで稼いだのだからアメリカの所得に計上される。他国で仕事をする人たちが増えたという理由での変更である）。その後もGDP 1％枠は守られ続けてきた。

　アベノミクスの下で，この1％枠が事実上突破された（と筆者は解釈している）。2016年に，政府はGDPの計算方式を変えた。その結果，500兆円だったGDPが530兆円と計算し直された。防衛費支出についてのGDP 1％枠は5兆円であったが，計算し直されたことにより，いつの間にかそれが5.3兆円になってしまった。旧方式だと5兆円が限度だったが，事実上2020年度は5.3兆円とその旧方式GDPを突破してしまった。もちろん，数字上1％を超えているわけではないが，実質的に1％を突破したといっても過言ではない。

　国民が気づかないうちにGDP 1％枠が突破されたが，日本の防衛産業を育成するためにはプラスの出来事であるとも解釈できる。事実上防衛費の伸び率が大きくなったのであるから，防衛産業にとっては朗報である。では，本当に日本の防衛産業にとってプラスであったのか。実際は，前述のように，アメリカからの購入に回されてしまい，日本国内の防衛産業にプラスとはなっていない。

> ━**一口メモ**　総額明示方式
>
> 　防衛費に関して中曽根康弘内閣当時の1987年から総額明示方式がとられた。単年度ではGNP 1 %を突破したが，5 年間ではならされ1 %以内の原則は崩れなかった。それ以降，アベノミクスの前までは1 %を突破することはなかった。

3．アベノミクスで行ったこと

1）武器の輸出解禁

　日本は武器の輸出が禁止されていた。第2次世界大戦で敗戦したのが理由であろう（＝しかし，前述のようにまったく武器の輸出が禁止されていたわけではない。小型武器の輸出は可能で，実際なされてきた）。そのため，武器輸出三原則により本格的な防衛装備品の輸出はできなかった。武器輸出三原則とは，1967年佐藤栄作首相が最初に使用した言葉である。武器輸出三原則は，「共産圏諸国，国連決議により武器等の輸出が禁止されている国，国際紛争の当事国又はそのおそれのある国」という条件に当てはまる国に対しての武器輸出を禁じるという政策であった。

　2014年，安倍内閣によりこの政策が緩められ，日本からの武器輸出が可能になった。この重要性は，海外の政府や企業と共同開発が可能になったことである。日本の防衛産業に属する企業が海外の研究開発に参加すれば，高度な技術が習得でき，発展させることもできる。だが，実際にはこうした共同の技術開発は増えなかったし，日本の防衛装備品の輸出も伸びなかった。武器輸出解禁後，日本の純正で初めて輸出されたのは，2020年の三菱電機の防空レーダーシステムであった。フィリピン政府の発注であった。武器輸出が可能になってから6年後のことであった[20]。

　防衛というと自衛隊や安保条約など政治面を通常考えるが，経済面を考える場合，自衛隊の装備を支える日本の防衛産業の存在も考える必要がある。2019

年，三菱電機の防衛部門がハッカーの被害に遭ったというニュースが流れて，初めて三菱電機が防衛産業であったということがわかった人も多いであろう。日本の防衛産業について，多くの日本人は認識をあまり持っていない。防衛産業としての会計報告書の公表もなされていないので当然のことと思う。

　防衛産業というのは，技術革新をリードしていくという点では非常に重要な存在なのである。国を強くするため！？　まさにそうであるが，軍事面だけではなく，技術力の面，経済の面でこそ国を強くする。前述のようにインターネットの技術はそもそも米軍で開発されたものであり，東西冷戦が崩壊して秘密にしておく必要がなくなり，民間に提供された。その後のアメリカ経済だけでなく世界経済の成長に大きく貢献した。防衛産業の技術は，実は経済に対して最も重要な要素のひとつなのである。

2）アメリカからの購入の増加

　かくして，せっかくの防衛産業の成長する機会が何度も訪れているのに，良いところはすべてアメリカに持っていかれてしまった。トランプ大統領からの強い要望で，アメリカからの防衛装備品の購入を増やしている。F-35A戦闘機やV-22オスプレイ，イージス艦も購入した。しかも，アメリカの言い値で購入してきた。

　後年度負担といって，事実上のローンで，アメリカから前述のような多くの防衛装備品を買い入れてきた。2013年では3.23兆円だった後年度負担額が，2020年度には5.43兆円となった。アベノミクスになって増加の一途をたどった。アメリカから高額の防衛装備品を購入した借金である。GDPの1％枠が，新しいGDPの計算方法で守られているといっても，そこにはこのローンは入っていないので，とっくにGDP1％枠は突破してしまっていることになる。この意味でも，GDP1％枠は突破されている。

3）武器輸出解禁が国内防衛産業に生かされていない

　前述のように，日本の防衛産業は，せっかくの防衛装備品の国際的開発研究

の機会に参加できていない。防衛技術は重要である。前にも述べたが，その技術は防衛に使うだけではない。他産業にも転用することにより，他産業の成長が見込まれるからである。

　したがって，アベノミクスで日本の防衛産業に追い風が吹いたかというと，以上に述べたことから，決して順風満帆にいっているとはいいがたかった。トランプ大統領の強い押しのため，逆風が吹いたといっても過言ではない。アメリカにいいとこ取りをされてしまっている。日本の防衛産業がイノベーションを行えないと，世界経済の中で取り残される傾向が出てきた。民間に転用する技術の範囲がしぼんでしまうからだ。アメリカや中国に次々に世界的企業が生まれるのに比して，日本でそれが生まれにくくなってしまっている。

　日本の技術開発がピンチであるという見方ができるかもしれない（＝このような見解は筆者だけのようであるが）。今後もトランプ氏のような大統領が登場すると，日本経済すらも安穏としていられない。日本の防衛産業が共同開発から締め出されたうえ，アメリカから防衛装備品を買わされてしまう。日本の防衛産業の技術開発をもう少し順風に乗せるようにしたい。経済波及効果も大きくなるはずである。

4．今　　後

　この本は経済の視点で書いている。今後必要なことがいくつかある。

　第一は，日本の防衛産業を育成し，その範囲だけにとどめず，その技術を他産業に活用できるようにすることである。防衛産業が発展すると日本経済にも好影響を与える。宇宙産業と並んで高度な技術を開発する必要のある部門だからである。ほとんどの人に知られていないため，日本の防衛産業は限られた防衛装備品の生産に終わってしまっている。日本の技術力が磨かれれば，他産業への貢献もあるはずである。また，日本の防衛産業が多くの発注を安定的に受けられるようになれば，防衛産業への投資が進み，防衛産業の他産業への波及効果も大きくなることが期待できる。日本の防衛産業の技術力の低さは，前述

の三菱重工の例（大型客船が満足につくれない，国産旅客機の開発は事実上断念）に表れている。どっちみち政府が多額の費用を防衛に使いたいならば，日本の防衛産業を育成してもらいたいものである。

　第二は，戦争は必ず避けてほしいことである。防衛は，他国をたじろがせて一歩引かせるために強化するとなっている。なるほど，強力な防衛力を持っていれば，ちょっとやそっとではその国に手が出せない。防衛を強化する目的は，戦争をせずに，相手との均衡を図って戦争を避けるためとしてほしい（＝近年「先制攻撃も防衛」という見解が認められ始めているが，それでは筆者としても防衛産業の発展を応援する気が失せてしまう！）。

　第三は，日米安全保障条約に対しての取り組みである。駐留米軍の費用の一部負担はしているものの，日本がそこにおんぶされてしまっているのは事実である。日本が攻撃されてもアメリカが守ってくれるという安心感があるのも，この条約のためである。アメリカのおかげで日本は平和である。だが，経済もアメリカに頼っていて，防衛もアメリカに頼っている。こうしてアメリカにおんぶにだっこだと，トランプ氏のように物言いがはっきりしている大統領が出てくると，さまざまな要求がなされてしまう。トランプ大統領当時，彼が日本に在留米軍の費用負担増を迫っていることから，その費用の大きさも話題になっている。2019年で約2,000億円の負担を4倍に増やせという要求である。安倍首相は本格的な話し合いを先延ばしにしてかわし続けた。今後もアメリカから同様の要求が出たとき，アベノミクス時のようにうまくかわしてほしいものである。

　これらのことは，“言うは易し行うは難し”であるが，経済学的に防衛産業と他産業についてより関わりを持たせ，日本のイノベーション力を高めることは重要であると考えている。日本ではこうした研究が遅れている。防衛産業の技術進歩は，他産業の技術進歩にもつながる。そして日本全体の技術進歩につながる。アメリカ経済のために日本の防衛があるわけではない。

一口メモ　著書の紹介

　防衛の経済分析の研究書については，著者が編著者の代表となった次の本を参考にしていただきたい。本書もそれを参考に書いた個所が多数ある。

　水野勝之他『防衛の計量経済分析』五絃舎，2020年。

　本書での筆者の主張をデータに基づいて立証している本である。防衛についてはデータの入手が難しい。とくに防衛産業の一覧統計データは存在しない。一般に防衛産業といっても，まるまる防衛会社というものが存在するのではなく，三菱重工，三菱電機などの大手企業の中の一部門となっているからである。政府のデータとして防衛装備品，人件費，その他の区分けの時系列データは簡単に手に入るが，日本の防衛産業からいくら購入しているのかなどのデータが見当たらなかった（現在は改変された）。日本の防衛産業といっても定義が明確でないので，データがない。産業連関表といって，産業同士の取引がなされている統計がある。その中に防衛装備品の購入のデータが埋もれてしまっていたので，それを掘り起こす作業を行うことによって初めて防衛産業のデータを明らかにした。

　そこで得たデータをもとに，防衛産業と他産業の取引額が多すぎるか少なすぎるかを計算した。経済効率的な理想の取引額と実際の取引額を比べてみて，それを判断した。その結果，防衛産業と他産業の取引が少ないという結論になり，日本経済のためにはもっとその取引を増やすべきだと述べた。ただし，何でもかんでも取引を増やすのではなく，本書でも主張しているように，日本経済の将来を担う技術を含んだ財やサービスの取引を増やすことを主張した。

第12章

アベノミクスの農業政策・漁業政策

1. アベノミクスの農協改革[21]

1) 農業の構造

　アベノミクスの目玉のひとつに農協改革があった。農協を改革をすることが，なぜ改革だったのか，一般の人にはわかりにくい。

　近年，みかんを食べようとするといくつもの種類がある。せとか，デコポン，……。サクランボも佐藤錦に加えて最近は紅秀峰が登場。お米も多種多様。枝豆もさまざまな種がある。そして多くの農家がその地域で，自家にあった生産物を生産している。このように，さまざまな農産物を我々は選択でき，その味わいを楽しめている。これは農家が競争しよりおいしい果実を提供し，消費者のニーズに合わせるよう努力しているからに他ならない。

　かつては，農業は政府に守られ，各農家は生産したものを地元の農協が買い取ってくれた。競争する必要がなかった。サクランボをアメリカから輸入しようというときも，日本の農家，農協の反対があった。コメは今でも輸入の自由化を農協などが反対している。日本の食糧を確保するため，この保護が貴重な制度であった。ただし，農業に競争力のないぬるま湯状態をつくり上げてしまった。

2）農協の構造の改革

　だが，グローバル化が進み貿易の自由化を進めなくてはならない時代，そして少子高齢化で消費者のニーズも多種多様化している現在，他の産業と同様，農業も切磋琢磨して，競争力を高めていかなければならなくなった。政府が外圧に抗しきれないし，自国だけ農業を守って他国には自由貿易を押し付けるということはできないからである。

　それには，旧来型の農業の構造の改革を必要とした。農業では，第2次世界大戦後の復興期に，コメが足りなくならないよう，コメの生産を政府が守ってきた。農協の体制を構築し，政府が決めた価格で農協が国にコメを販売し，政府が買い取ったコメを決められた価格で市場に提供するという構造であった。その農協の体制が，競争が激化した今日には通用しなくなってきた。その体制とは，頂点に全中と呼ばれる全国農業協同組合中央会（JA全中）があり，真ん中にJA全農があり，そして下部に全国700の地域農協が存在するというピラミッド構造を指す。JA全中がピラミッドの頂点に立ち，各農協を指導・監督し，統制すると同時に下部組織を守ってきた。そのピラミッド構造を改革しようとしたのが，アベノミクスであった。

3）全中改革

　アベノミクスの農協改革は2014年に始まった。農協は自民党の票田でもあったので，それ以前は大きなメスを入れられなかった。ところが，アベノミクスで前述のピラミッド構造に対して大胆な改革が進められることになった。農業の構造改革をするに当たり，アベノミクスでは，その頂点に位置する全中の改革を目指した。全中は，2つの点で各地域農協を支配していた。第一は，全中が各地域農協の監査を行っていたことである（事実上下部組織を支配していた）。第二は，各農協から合計78億円（2014年時点）となる賦課金を受け取っていたことである。

　この構造を改革しないと，地域農協がJA全中に頼ってしまう，ひいては各

農家が国に頼ってしまったままになってしまう。農業での競争が滞ったままになる。それを問題視して改革を行ったのがアベノミクスである。国に頼らず，各農家が創意工夫して生産性を上げていくための改革である。

　この改革を行うために，地域農協への監査を公認会計士に任せることとした。全中が行っていると，地域農協は全中に頭が上がらなくなるので，支配下に置かれるということになる。公認会計士の監査に移ることで，この呪縛が外れる。全中は各地域農協の経営に口を出せなくなる。各地域農協は上の顔色をうかがう必要がなくなり，会計ルールのみを守ればよい。それどころか，外部監査になるので，各地域農協は会計の透明性を持った組織に生まれ変わらなければならなくなった。地域農協に対する全中の監督，指揮権がなくなるが，地域農協はしっかり利益が上がる組織に生まれ変わり，企業が農業に参入してきてもそれに対抗できる力をつけることになる。

　もうひとつの改革は，各地域農協から全中へのお金の流れを断ち切ってしまったことである。アベノミクス以前は，約80億円のお金が全中に上納されていた。全中は一般社団法人化されることになり，全中はこの巨額のお金を各地域農協から受け取れなくなった。実際，2019年，全中は農協法に基づく特別認可法人から一般社団法人に移った。これによって，全中は各地域農協からの賦課金を受け取れなくなった。お金の面でも農協のピラミッド構造が崩壊した。

　ピラミッドの真ん中（2段目）に位置するJA全農は，地域農協や農家への農産物や資材の提供を行っていたが，その価格が高かった。改革の結果，毎日新聞（2019. 10. 1）によれば，JA全農が提供する肥料や農薬の価格が改革以前はホームセンターよりも高かったが，改革後は1割～3割ほど値下げされたという事例も登場しているという。

4）結　　び

　農産物は完全競争の象徴のような存在だった。天候が悪く収穫が少ないと高い値が付く，豊作だと値崩れする。このように，生産状況に応じて供給量が増減し，価格も上下していた。まさに完全競争市場そのものである。だが，それ

は誤解で，それが完全市場どころか，がちがちのピラミッド状の競争を生まない構造だった。一見矛盾しているようにも思える。結局のところ，高い価格のレベルで，少ない種類の中で，値段が上がったり下がったりしていたということである。競争をより一層活発化させれば，より安い価格帯で，生産状況に応じて価格が上下するという価格帯の下方へのシフトが実現する。消費者は，より一層安い価格で農産物を手に入れることができるようになる。

　同時に，農協改革が進めば，各地域農協や個別農家が新しい品種の生産に取り組むようになる。本章冒頭でも述べたが，みかんだけでも多品種あり，消費者はその多種多様な品種の中から自分が買いたいものを選べるようになる。

　これを実現させたのは，アベノミクスの大きな成果であると考えられる。安倍首相は，あれもこれも自分の成果だといいすぎて国民はどれが本当の成果だかわからなくなってしまっているが，この農協改革は正真正銘のアベノミクスの見事な成果である。一般の人には大改革というイメージがわかりにくいが，それまでの自民党では手が付けられなかった農協に対して，選挙の票を失ってもよいから大改革を断行したのである。20世紀中は田中角栄氏の流れをくむ田中派が政権をとっていた。穏健派であり，競争経済よりも政府が手取り足取り指導する方針だった。農協構造も大切にし，政権は農協からの票で成り立っていた。ところが，21世紀になって小泉純一郎内閣以降，その流れをくむ旧福田赳夫派が政権を継いでいる（旧民主党政権時を除く）。こちらは保守派である。競争促進派であり，農協にも頭を下げない。農協改革を行えたのは，安倍首相がこの流れの政権だったからであろう。

　安倍首相は「農協改革を断行するリーダー」という称賛に値する称号を手に入れたといってもよいはずなのだが（＝一般の人にわかりにくいし，直接目の前で何かが変わるというものでもないのであまり気づかれず残念）……。

２．減反政策[22]

　アベノミクスでの農業改革で，ほかに特筆すべきは減反政策の廃止である。1960年に農業総生産額の約5割がコメであったのに対して，2010年にはその生産量のシェアが20％を切っていた。山下一仁（2014）の指摘では，日本の農業は衰退し，その中でもコメの生産が一番衰退してしまったという。その原因は政府の過保護にあった。

　コメは日本の主食であるため，その生産は政府に守られてきた。コメが生産過剰になったため，政府は減反政策を行ってきた。減反政策とは，コメを生産している田んぼの作付け面積を削減することである。増えすぎたら調整しなければならないのは世の常である。政府は農家に減反をサポートし，その分の補償としてコメを高く買い取っていた。山田雄一朗（2019）によれば，水田での麦や大豆などに対して10アール当たり3万5,000円の補助金，菓子類などに使われる加工用の米に対して10アール当たり2万円の補助金が給付されていた。家畜などの飼料用の米に対しては最大で10アール当たり10万5,000円の補助がついていた。結局，こうして農家を守ってきたことで，農家の生産性が上昇し損なっていた。

　その減反政策が，アベノミクス時の2018年に廃止された。1970年以来続けられてきた政策であった。当初は新田を開墾することが禁止されるところから始まり，実際に田んぼを減らす政策が続けられた。減反するだけでなく，補償を与えていたこれまでの政府のやり方にメスを入れたのがアベノミクスであった。補償をなくすというのは一見農家を突き放した政策であるが，企業の参入や外国からの輸入に耐えうるだけの力を農家につけさせたいというのが真の理由であった。農業のビジネス化の推進でもある。

3．漁　　業[23]

1）漁獲規制—クロマグロ—

　2014年，クロマグロは国際自然保護連合（IUCN）によって絶滅危惧種に指定された。太平洋では，親マグロが初期の段階から96％以上減少してしまったという。日本の提案により，クロマグロの親魚の漁獲を増やさず，幼魚の漁獲を半減させることが国際会議で採択された。アベノミクスの2014年から，クロマグロの資源管理がなされるようになった。2018年，「日本沿岸のクロマグロ漁について，法律に基づいて都道府県ごとに漁獲枠を定める新規制」（朝日新聞）が始まった。日本が提案し，実行した積極的な取り組みであった。

　ただ，その後，日本は2019年の中西部太平洋まぐろ類委員会で，資源が回復してきたことで逆に漁獲量の拡大を主張したが，その主張は通らなかった。結局，日本は台湾から300トン分を融通してもらうことで対処した。2020年にも同様の主張を行った。

2）数量規制と死荷重の発生

　政府の漁獲規制は数量規制に当たる。**図表12－1**は，クロマグロの需要と供給の関係を表しているとしよう。市場の均衡は点Eであり，ここで消費者も生産者も納得のいく取引X*を行っている。このときの余剰が前述**図表7－1**の消費者余剰，生産者余剰である。

　ところが，「自然」は納得していない。この点Eの漁獲と消費を行っていたら，クロマグロは枯渇してしまうのである。

図表12－1　漁獲数量を規制した場合

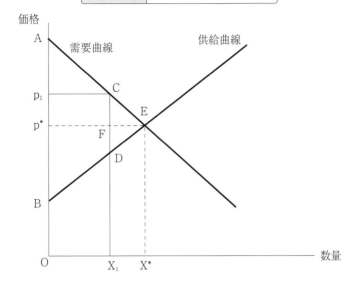

　本来，市場経済に任せておけば，市場メカニズムによって市場均衡（E）に
至り，それに対応した均衡価格（p*）と均衡取引量（X*）が成立していた。こ
こで成立した市場均衡（E）は，経済学でいう効率的な資源配分である。消費
者の余剰が△Ap*E，生産者の余剰（利潤）が△p*BEであり，社会の総余剰は
その合計の△ABEであった。

　資源保護のため，政府が漁獲規制を行い，クロマグロの生産量をX₁に固定
したとしよう。X₁以上を獲ってはいけないとした。市場に出回る供給量が少
なければ，理論的に価格は上昇する。**図表12－1**における価格について，規制
された生産量（X₁）と供給曲線の交点（点D）の価格か，生産量（X₁）と需要
曲線の交点（点C）の価格のどちらの価格で取引されるか。消費者の需要があ
るので，需要に合わせた価格で取引される。つまり，価格は高いp₁となる。本
来なら価格はp※という安価な取引だったはずが，p₁の水準で高止まりする。

　クロマグロの漁獲規制をX₁とした場合，消費者余剰は△Ap₁C，生産者余剰
は□p₁BDCとなり，総余剰は□ABDCとなる。規制前の総余剰△ABEと規制

後の総余剰□ABDCを比べると，総余剰が△CDEだけ減少した。この減少部分を「死荷重」または「厚生損失」と呼ぶ。

　消費者もハッピー，生産者もハッピーな状態に比べて，政府が数量規制を行うとこの死荷重が発生する。経済市場に政府が介入することにより，市場には死荷重分だけの損失が発生することとなる。国民の損失の発生ということになる。政府の数量規制は，市場の効率性を損ねる。

　生産者については，余剰が減ったかどうかは需要曲線，供給曲線の傾き次第なのでケースバイケースである。確実に減ったのが消費者余剰である。クロマグロの漁獲数量を政府が規制したため，クロマグロを食べる機会が減るのと同時に，高い価格で手に入れなければならなくなった。漁獲規制では，消費者が損をすることになる。

　だが，かつてのお金があれば何でも手に入れてよいと考えられていた時代とは違う。消費者側も地球資源や地球環境を守るために我慢をしなければならない時代になった。クロマグロの漁獲規制については，経済効率の低下を良しとしなければならないであろう。筆者の解釈である。人間にとっては死荷重であっても，それはクロマグロにとっての余剰である。クロマグロの漁獲規制を行った後，消費者，生産者，そしてクロマグロの三者の余剰の合計は，漁獲規制前の総余剰に等しい。経済学は人間中心に考えられてきたが，環境保護の点で，規制で生じる死荷重を保護される対象の余剰とすれば，規制を行っても決して余剰は減ってはいない。

　2019年以降，政府はこの名目上の死荷重（人間にとっての死荷重＝マグロの余剰分）を減らすことを考え始めた。そのまま幼魚を獲らずに，自然で育てる考えにシフトしたらどうか。養殖の手間も省ける。今後も筆者はマグロの余剰の拡大（＝人間にとっての死荷重の拡大）を主張したい。

第 3 編

新型コロナウイルス
感染症と経済政策

第13章

コロナ禍

1．コロナ禍

　思いもよらないことが起きた。コロナ禍である。2020年1月に中国を中心に始まったコロナ禍は，あっという間に世界を席巻した。アジアで広がり，ヨーロッパやアメリカにも飛び火し，そちらが主役化してしまった。南半球にも感染は広がり，世界全体に広がったパンデミック状態となった。2020年12月時点で，感染者数は世界で8,000万人を上回り，まだまだ拡大しそうな様相である。

1）コロナ禍を乗り切れるか

　2020年に発生したコロナ禍。東京オリンピック・パラリンピックの開催もあるため，ポストアベノミクス日本政府は，他国の政府よりも危機感を募らせることになった。安倍首相は「私がリーダーシップをとって」「私の責任で」と発し，イベントを中止させたり小中高を一斉休校にさせたりと（正確には要請した），危機を収めようとした。しかし，新型コロナウイルスは全世界に飛び火し，日本だけが頑張って封じたからといって，東京オリンピック・パラリンピックが開催できる状況ではなくなった。当初は，政府の対応も評価されていたが，いつの間にか後手後手に回り，日本でも感染拡大を招いていった。そして，2020年9月，志半ばで安倍首相は退陣してしまった。

　未知のウイルスのため，すべて致し方ないのであるが，困るのは経済が落ち

込むことだ。アベノミクスの最も高く評価できる政策のひとつであったインバウンドが大きく減ってしまった。アベノミクスの下，急激に訪日客が増え，2020年には4,000万人になろうとしていた。コロナ禍で日本への観光客が激減し，インバウンド効果がほぼなくなった。2019年4.8兆円近くあった訪日客の支出が冷え込んでしまったのだ。

2）緊急経済対策

　2020年４月，政府から総額の経済対策が108兆円と発表された。他国と並んだ経済対策である。

　まずコロナ禍自体への対策が必要であった。観光客，来店客がいなくなった観光関係や飲食関係，緊急事態宣言で休業を余儀なくされた商業施設など，売り上げが激減し，実際に複数の倒産が発生した。

　これに対して，政府の当初の政策として，布マスクを２枚ずつ全世帯に配ることから始まって，１世帯に30万円配る（１人当たり10万円給付で実施），中小企業に200万円，個人事業主に100万円を支給するという内容が並んだ。また，コロナ禍対策としてGoToトラベルなどの観光の補助についても実施された。このように，手さぐりではあるものの，政府は新たな政策を準備し，実行した。

　こうした経済政策が効果を発揮する方法は，本書のテーマのひとつとなっている景気循環をうまく活用することである。過剰設備でもたらされるジュグラー循環（設備投資が要因の循環）での落ち込みにおいて，設備の稼働率を上げるだけで済ませるようなものだったら効果はなしである。稼働率を上げても設備が足りなくなり，新たな設備投資が必要になるかどうかにかかっている。そこでは，建物の建設ラッシュが終わりかけて，景気後退に入るというクズネッツ循環（建設投資が要因の循環）にも打ち勝たなければならない。今の建設ラッシュは，現在約846万軒（「平成30年住宅・土地統計調査」2018年）の空き家を10年後に2,000万軒超（野村総合研究所予測値）に拡大しかねないマイナス効果も有している。短期的な効果だけでなく，コンドラチェフ循環（技術進歩が要因の循環）を大きくできるかどうかにかかっている。

3）特別定額給付金

　アベノミクスでは，国民への給付金は収入が減少して困っている家庭への30万円の給付という当初案ではなく，住民票のあるすべての人に一律10万円の給付が実施された。特別定額給付金である。一部への30万円の給付の予定だったが，途中から全員への10万円給付に急転したことに批判が集まっているが，どちらがよいかの議論は深まらなかった。

　国民一律10万円の給付には問題点がある。高齢者家庭では，コロナ禍で外出を自粛し，今更消費を増やすということがない。お金が死蔵されてしまう。あるいは，個人金融資産の増加に回り，またもや金融市場が実物市場から乖離してしまう。実物市場にお金が回らないと，実際に国民はそちらで生活しているのだから，経済活動を通じての所得が増えない。また，総額約13兆円という莫大な予算がかかる。減収世帯一部への30万円給付ならば，4兆円で済んでいた予算が大幅に増える。

　所得が急減した家庭に30万円給付のほうが，コロナ禍の当初の窮状下では適切だったように思われる。困った家庭に給付すれば，すぐ使ってもらえる。実物市場にお金が回る。ただ問題はあった。第一に，収入の急減の基準の線引きが難しい。あと少しでもらえなかったという人たちにとっては，生活の困窮はあまり変わらないのに，オール オア ナッシングで大きな不公平感が生じる。第二に，給付に時間がかかる。所得が急減した証明を提出してからの給付になるからである。第三に，そもそも納税をたくさんしていた人たちは30万円を受け取れない世帯であり，税金を納めているにもかかわらず困ったときに助けてもらえないという不満が出る。税金を納めているのであるから還元されて当たり前，これに立脚すると一律10万円給付ならばこの人たちの気持ちも収まろう。

　このように，どちらの策をとっても一長一短である。

　この他にも，個人に対しての給付がある。自分でアルバイトで稼ぎながら大学に通っていた学生が，アルバイトができずに修学に困った場合に対して，学生支援緊急給付金が設けられた。2020年5月19日から始まった。住民税非課税

世帯の場合ならば20万円，課税世帯の場合は10万円が支給された。

４）持続化給付金と家賃支援給付金

　特別定額給付金が個人対象であったのに対して，中小企業や個人事業主，フリーランスを対象にした給付金が持続化給付金である。

　休業要請を受けて休業したり，収入が急減したりした中小企業や個人事業主，フリーランスに対して，収入減少額に応じて最大200万円までの給付金を支給するものであった。２ヵ月も休業していたら商売は成り立たず，お店はつぶれてしまう。休業要請するならば，他方で補助するべきだという声に応えたものである。そこで，「新型コロナウイルス感染症の影響により売上が前年同月比で50％以上減少している者」を対象に持続化給付金が支給された。2020年５月１日に約２兆円の予算で開始されたが，１ヵ月後に約２兆円の予算が追加された。

　ただし，持続化給付金は，新規設備投資などの景気を刺激するための策ではなく，コロナによる減収分を少しでも補おうとするカンフル剤なので，景気対策としての効果は持っていない。

　また，そうした事業者には，固定費である家賃も重しであった。売り上げがゼロに近いのに，家賃は定額分を支払い続けなければならない。人件費と並んで大きな費目が，固定費の家賃である。その家賃に関しても，半年分最大600万円を支給するとのこととなった。家賃支援給付金である。

　経済はいつか回復傾向になるはずだから，それまで持ちこたえれば何とかなる。その間につぶれてしまったらおしまいである。時代に必要なくなった企業ではなく，コロナ禍でたまたま経営が苦しくなった企業をサポートしなければならない。それが，持続化給付金と家賃支援給付金の意義であった。

第14章

新型コロナウイルスに対する
アベノミクス後の経済政策

1. 2020年

1) 新たな政策の導入

　これまでの日本経済で，大きな不景気に陥ったときは，それまでになかった手法の政策を行い，危機を脱出してきた。高度成長期の池田勇人内閣は，東京オリンピックを誘致したり，新幹線を建設した。1974年の石油ショックの後のスタグフレーション期（インフレと不況が同時に発生すること）の脱出では，福田赳夫内閣がそれまでにない割合で国債を発行して歳入を確保し，公共投資に回した。バブル後の失われた10年の後，小泉純一郎内閣は，公的資金で銀行が抱えていた負の遺産（不良債権）を処理させた。リーマン・ショック後のアメリカが，この小泉政権の公的資金で銀行を救う政策を模倣してアメリカ経済を再生させ，経済危機を脱出した。いずれも，それ以前の経済の政策としてそこまで大胆には実行されていなかったものである。つまり，それ以前と異なることを行わないと経済は回復しないということである。

　では，コロナ禍後を見据えた政策はどうすればよいか。

　第一に，やはり歴史の流れから大胆な政策を実行しなければならない。人々の折り込み済みの政策では効果が少ない。行動経済学でいえば，「習慣化」「一貫性」「現状維持バイアス」などさまざまな人間心理が働いて，織り込み済み

の政策では効果的とはいえないことが示されている。現金給付がなされても，特に高齢者は使うわけではない。政府が使ってほしいという意図がわかっていても，行動経済学の不合理行動として，政府の意に反して将来のためにとっておく。

　第二に，経済理論としては，消費を活発化させなければならない。どんな政策を打っても，**図表3－1**の経済の循環の中の消費でストップしてしまっては元も子もない。消費が動いてこそ経済が動く。消費を動かすきっかけを与えるだけでなく，動かし続けられるような政策が重要となる。つくっても売れなければ，企業も設備投資をしない。

　第三は，今まで隠れていた少子高齢化の経済への影響が悪化する懸案があるため，それも解決する必要がある。半分が株式で運用されている年金については，（金融社会主義で）株価が上がっているときには心配がなかった。しかし，株価が下がったら，給付を減らさないと，現役世代の労働意欲がなくなる。そうならないよう，政府は備えをしておかなければならない。

2）コロナ禍諸々

　時代の変化，状況の変化に合わせた経済社会をつくり上げなければならない。もし（変異種を含めて）効果的で，かつ安心安全なワクチンの全世界的な普及に時間がかかるようだったら，ウィズコロナ（コロナとの共存）という認識をしての生活が長期間待っている。新型コロナウイルス感染のおそれを警戒しながら生活していく，そして経済活動を送っていくわけである。

①　PCR検査

　PCR検査は，アフターコロナではなくウィズコロナでの経済を動かす方法である。簡単なことが日本ではできなかった。PCR検査を全員に行って，陽性の人は自宅待機をし，陰性の人はどんどん活動すればよいという話である。アメリカや中国よりも人口が少ないにもかかわらず，なぜこれができないのか。中国でできて日本でできないはずがない。高齢者を外出自粛で経済社会から隔離

するのではなく，陽性者を隔離するほうが経済活動に皆が全力で打ち込める。

　PCR検査では，ごく低い確率で偽陰性が発生する。つまり，間違える。その人たちの人権を守るためにPCR検査を日本では積極的に行わないという（テレビ朝日「羽鳥慎一モーニングショー」7月23日）。

　そのニュースの真偽はともかく，実際に他国に比べてPCR検査の数が極端に少ないのは事実であった。社会に，感染者と非感染者が混在していて，その人たちも自分の状態がわからない。にもかかわらず，経済活動を始めようとしたから，2020年7月〜8月には感染第2波，冬には第3波が訪れた。政府が補助して旅行を促進しようというGoToトラベルキャンペーンが始まった後の本格化であった。

　誰もが，自分が感染しているか否か，そして他のどの人が感染しているかどうかわからない中，経済活動を開始してしまった。PCR検査を行って棲み分けさえしっかりしておけば，日本人の大半はルールを守るであろうに，それが混在した経済活動となってしまった。個々がもつ危機感もあいまい化してしまった。アベノミクスでPCR検査を積極的に行わなかったのが，経済にとって残念であった。

　かつ，PCRの検査を広げれば，民間の研究所の仕事も増えるし，大学に振れば，アルバイト先に困った大学院生たちに収入も入る。医療と競合することなく経済を盛り立てられる数少ない方法であり，国内の経済効果はそれなりにあったと思われる。ポストアベノミクスもPCR検査の拡大に二の足を踏んだ。

②　緊急事態宣言

　2020年4月に第1回緊急事態宣言が発令されて，5月に解除されるまでの間，経済もテレワークに変わり，日常の動きはストップした。その後，経済再始動に向けて政府も進み始めた。

　だが，経済を再起動させるための勝負はこの期間だったように思う。先ほど，PCR検査を拡充して，陰性の人と陽性の人を棲み分けてしまえば，経済が回り始めるという話をした。ということは，PCR検査を国民全員に行えるように準

備をしておけば良かったわけで，その準備期間がこの緊急事態宣言の期間だったように思われる。中国も桁違いのPCR検査を行っているのに，日本の検査数は極めて「しょぼい」。2020年7月末の報道でさえも，症状が出ているにもかかわらず，相変わらず保健所に断られるというニュースが流れていた。当初は，オリンピック・パラリンピック開催のためにPCR検査を抑え込んでいたと勘繰られていたが，どうやら厚生労働省が，前述のように陰性者と陽性者との取り違えを恐れているという事情もあったからのようだ。とにかく，日本は他国に比べてPCR検査の数が極端に少なかった。2020年末に第3波がやって来たが，それも国民の気の緩みから来たという。PCR検査を増やして感染の正確な情報を伝えて国民の緊張感を高めておけば，日本人は節度のある行動がとれるはずだった。緊急事態宣言の間にこのPCR検査の準備ができていれば，ウィズコロナの状態でも経済の再稼働が可能であったかもしれない。

　また，緊急事態宣言とは別に，安倍内閣では2020年2月末に全国の小中高校の一斉休校を行った。これについては，日本人全体にショックを与えて気をつけるようになったことが良かったと評価する声を聞く。なるほどそのとおりであるが，休校期間が終わったら「はい終わり」ではなく，その「日本人が気をつけていた期間」に手を打てなかったのかが疑問である。この期間にもPCR検査を増やせる可能性があったのに，それを無駄にしてしまった。

　小中高の休校期間，および緊急事態宣言の期間に，経済と両立させる手が打てていれば，経済の回復にもう少し期待ができるようになったのかもしれない。せっかく政府は準備の時間を持ったのに，それどころか自分たちの工夫でその時間を設定したにもかかわらず，なぜPCR検査の数を増やそうとしなかったのか，全国民が疑問を持つところであった。

　徹底的にPCR検査を行った中国や台湾のほうが経済の立ち直りが早かった。中国は経済成長率がプラスに転じている。それなりの数字が表れている。実証済みなのである。

③　GoToトラベル

　旅行代金の半額を事実上政府がサポートするというGoToトラベルが，安倍内閣時の2020年7月に始まった。奇しくもそのときは，新型コロナウイルス感染の第2波の状況だった。

　これは，とにかく経済が動かない状態から動く状態に持っていきたいからに他ならない。「経済」という用語を使うと遠い難しい話に思えるが，要は一般の人たちの収入が途絶えて困ってしまうということである。収入がなくなるどころか，勤め先が倒産して失業したりすれば，自分の生活が心配になったり将来に不安を抱いたりと精神的に落ち込んでしまう。心が不安定になってしまう。家族も巻き込んでしまう。国民がこのような状態になるのを避けるためにも，収入が入るようにしなければならない。これが経済を動かすということである。

　コロナ禍で最も打撃を受けた産業のひとつが観光業であり，飲食業であった。東京オリンピック・パラリンピックが延期になっただけでなく，年間3,000万人以上の訪日外国客が来なくなった，国内旅行もストップしたという事態となった。観光業にとっては大打撃であった。観光関係の人たちだけでなく，交通関係の人たちの収入も断たれた状態になった。この状態を解決しようとしたのがGoToトラベルであった。

　ところが，タイミングが良くなかったようだ。新型コロナ感染者が全国で大幅に増え，1日の感染者数を更新していくような第2波の時期であった。外出自粛と観光の奨励を同時にやることは，都知事から，冷房と暖房を同時につけるようなものと揶揄された。実際に都心や近郊から，せっかく感染が収まっている地方に感染を広げるようなものだった。2020年末の第3波時にGoToトラベルは一時中止された。

　かくして，GoToトラベルは国民の緊張感を緩めたという点で経済には寄与したが，第3波などで感染を広げた点で国民に災難を招いた。国民に歓迎されたようでされなかったという複雑な立ち位置となった。

④　アベノマスク

　国民1世帯に2枚ずつ配布されたアベノマスクに関して，経済を扱うこの本ではスキップしたいところである。海外での生産物の輸入であり，この機に輸入を増やすというのは問題である。国内の産業を活性化させる，つまり国内の人たちの給与を保証するためには国内の生産を行わなければ意味がない。コロナ禍で給与が入らなくなった人たちがたくさんいるのであるから，国内で調達すればよかった。海外からの輸入が本当に国民に必要な政策かといえば，アベノマスクを活用している人たちも少なく，国民のためになった政策とはいいがたい。筆者は，安倍首相以外，テレビでの安倍首相の周りの人々をはじめアベノマスクをつけていた人を見たことがなかった。アベノマスクが国民全体に回った5月，6月ごろには，マスクも国内で簡単に手に入るようになっていた。

　国内の企業が懸命にマスクを増産したり，新規生産をしたりしているので，それをサポートしたほうが良い。第一に，日本のお金が外国に流れず，日本人の所得となる。その所得が国内で使われれば，日本の経済が潤う。第二に，防衛の項で，外国での生産のため日本人の体形に合わない防弾チョッキの話を書いたが，アベノマスクは日本人男性には小さすぎるという欠点があった。民間の国内メーカーが販売に社運を賭けるとしたら，一番注意した点のはずである。また，女性が日ごろ外出時につけるとしたら，そのファッション性にも気を遣うところである。日本人に無料で配布するマスクは，日本人の事情を一番知っている日本のメーカーがつくるのが望ましかった。

2．今　　後

1）V字回復

　1，2年後にV字回復を予想する経済関係者もいるが，安心安全で（変異種にも）効果的なワクチンが完全に開発され，地球上のある程度の人口が接種できるようになっていなければ，なかなか難しい。日本でも人口が増えた高齢者

が外出を控え続ければ，経済の本格的回復は不可能である。高齢者は，旅行需要などの消費の主役のひとりであり，その需要が減少している。

　また，飲食店では，席を離している。1席空けて座るようにしていたら，半分しか入らない。それは言い過ぎでも，家賃を支払って借りているにもかかわらず，満員にできないのは確かである。これでは，どんなに頑張ってもV字回復にはならない。飲食店がV字回復しないのに，日本経済がV字回復するはずがない。観戦イベントでも席を離している。これとて，5万人入るところに2万人しか入れなければ，いくらイベントを開催しても，6割減の入りになり，V字回復には程遠い。V字回復とは，5万人入っていた観客が元の数に戻ったうえに客席を増設することである。設備投資が復活しなければ，V字回復はない。単純な算数の問題を解けばわかることである。

　テレワークが継続されればされるほど，オンライン授業が継続されればされるほど，交通機関の業績の回復が難しくなる。なぜならば，お客が乗らないからである。しかも，海外でのコロナ禍が収まっていないうちは，日本から外国への渡航もできない。行きたくてもいけない。海外への航空機もお客が乗らない。ANAも2021年度の新採用3,200人分のうち2,500人の採用を見送ることになった。交通機関もV字回復が難しい。

　新型コロナウイルス感染症にかかっても若者は比較的軽症だが，高齢者は重篤化する可能性がある（ただし，変異種のケースでは不明）。命にかかわる。すると，高齢者が思う存分外出することがなくなる。節度を持ちながら外出しても十分な消費は行えない。旅行も控える。高齢者が消費できないようでは経済のV字回復は難しい。国民も高齢者の存在の大切さを改めて理解すべきである。

　新型コロナウイルスの感染対策のためであるとはいえ，これではお店側や主催者側の売り上げは伸びないであろう。お客の絶対数が減ってしまっているからである。お店も日本経済もV字回復はありえない。

　V字回復は，新型コロナウイルスに対しての安心安全かつ効果的なワクチンと治療薬が開発され，それが世界に行き渡ってからという条件が付く。その

後に，ようやく「〇年後のV字回復を目指そう」と初めていえるのだ。

2）東京オリンピック・パラリンピック（2021年1月執筆）

　2020年夏に開催されるはずだった東京オリンピック・パラリンピックが1年延長された。アベノミクスでの最大の目玉のひとつであり，政治的遺産として安倍首相も力を入れていた。日本全体も東京オリンピック・パラリンピックで大いに盛り上がっていた。国民も開会日を楽しみに秒読みをして開催を待っていた。

　そうした雰囲気だけではない。経済効果も大きいはずだった。国立競技場をつくり直したり，多くのオリンピック・パラリンピック用の施設を新設した（＝公共事業が増えた）。開催中は，多くの訪日外国人も期待でき，大きなインバウンド景気も生まれるはずだった（＝訪日客の支出に当たる輸出が増えるはずだった）。

　その矢先にコロナ禍が発生し，夏の東京オリンピック・パラリンピックの2020年の開催は無理になった。2020年3月，東京オリンピック・パラリンピックは1年延期が決まった。森喜朗大会組織委員長は2年の延期を主張したようだが，安倍首相がアベノミクスの集大成として位置づけるため1年の延期をIOCと合意したとのことである。この1年が後々尾を引くこととなった。

　安心安全で効果的な新型コロナウイルスワクチンの全世界への普及の見通しが立っていないのである。当初2020年秋には供給できると宣伝されてもいたが，そのワクチンが本当に効果的なものかどうかはわからない。変異種も登場してきた。

　もし東京オリンピック・パラリンピックが中止になったらどうなるであろうか。コロナ禍の状態では国民は意気消沈とまではいかないようだ。ある程度の覚悟ができているからだ。アベノミクスでは，かつての無駄といわれたインフラを復活できた点を大いに評価できると述べた。皮肉なことに，アベノミクスは東京オリンピック・パラリンピック施設を多数つくってしまった。新国立競技場はともかく，水泳などの個別の競技場の活用をどうしていくのかが課題と

なる。東京都の江戸川区新木場には，既設のものと合わせて2つの水泳場が存在する。この2つの競技場を常時使うほどたくさんの水泳選手もいなかろう。カヌー競技場も新設されている。そのような施設が十分には利用できないまま存在するだけで，経済的には負の要素となる。同時に国民も暗い気持ちになってしまう。

　そこで提案である。今のことばかり考えるのではなく，2032年の日本開催を確保してほしい。政治力をうまく使って2032年の夏季オリンピック・パラリンピックを東京でやってほしい。2021年の開催が中止になるようであったら，IOCとうまく交渉してほしい。12年後開催に向けて日本経済が元気になるであろう。たった12年後である。あっさり12年後の世代にその期待と喜びを譲ったらどうであろうか。そうすれば，12年後に今の決断が再び称賛されるであろう。それで十分ではないか。

　12年後に東京オリンピック・パラリンピックが開かれるとなると，がぜん新木場の水泳場も輝いてくる。カヌー競技場も生き返ってくる。今回のオリンピック・パラリンピックのために建設されたインフラが息を吹き返す。負の要素どころか，12年前の悔しさの象徴であり，それに基づいて皆で飛躍しようという気持ちになる。2012年に東京オリンピック・パラリンピック開催が決定してから8年間期待し続けたように，12年間期待し続ければよい。その間に大阪で万国博覧会も開かれる。東京オリンピック・パラリンピック中止の経済の負の要素が正の要素に変わる。もちろん赤字であっても，未来へ向けて勢いづくことができる。万が一東京オリンピック・パラリンピックが中止になったときには，2032年の東京オリンピック・パラリンピックの開催を強く望む。

第15章

経済の復興

─経済の立て直し案─

1．具体的方策案

　これらを総括して解決する具体的方策は何か。2020年9月にアベノミクスの継承をうたって菅義偉内閣が発足した。菅首相は「コロナウイルスに打ち勝つ」と言っていたが，ワクチン普及でいったん収まっても，今後も世界のどこかで変異種が見つかるたびに，世界の人たちが動揺するであろう。おちおち経済の復興どころではない。したがって，ポストアベノミクスでは，次のような方策を積極的に取り込んでほしいと考えている。

1）消費税率の引き下げ─ジュグラー循環への挑戦─

　政府は国民への一律現金支給を行った。これはアメリカのトランプ大統領も同じである。日本では1人当たり10万円を配った。コロナ禍真っ只中の個人や企業サポートのためである。

　だが，本文中で限界消費性向を計算したのを覚えているだろうか。所得が増えたら，その増えたうちの何割を消費に充てるかという比率である。それが日本の場合，

　　日本の限界消費性向 = 0.5683

であった。政府が一律現金支給したとしても6割弱しか消費に回らず，4割は

貯金に回る。経済が調子の良いときならば，それらは銀行に預金され，企業に貸し出され生産活動に回される。しかし，景気が悪いときには，銀行が企業に貸し渋り，あろうことか日本銀行に預金してしまう。日本銀行はそうはさせたくないので，日本銀行に預けると逆に預かり料を取るマイナス金利策をとった。というわけで，もし現金給付を継続するとした場合，効果的とはいいがたい。

　ひとつのサプライズ案は，期間限定の消費税率の引き下げである。野党の一部からは5％の引き下げがまことしやかにささやかれている。5％の引き下げで人々が反応してくれるかどうかである。プロスペクト理論の損失回避という理論では，人は損することに大きく反応する。だから，消費税率を2019年10月に2％引き上げたら消費が落ち込み，そのときの四半期では経済成長率が年率7.1％落ち込んだ。しかし，消費税率が少し下がったくらいでは，得するときの反応は損するときよりも小さいので，消費が大きく盛り返すとは思えない。しかも高齢者が多くなった世の中で。

　消費税率を引き上げたら消費が冷え込んだ，ならば逆に消費税率を引き下げたら消費は盛り上がる。もし消費税率引き下げであったら，10％引き下げを実行し，少しずつ税率をアップさせていくのがよかろう。与党の一部や野党が主張していた。それくらいの大胆な消費意欲を刺激する政策が必要となろう。2020年5月に一律1人10万円が配布されたが，そのときの予算が13兆円。しかし，一部の人たちの落ち込んだ所得の救済にはなるが，一律に老若男女に配っても経済効果は少なかった。高所得者や年金の高齢者が喜んで消費に回したとは思えない。特に高齢者はコロナが怖くて外出できない。消費ができない。せっかくの13兆円だったら，消費税の収入17兆円（2017年消費税歳入）に値するので，消費税率を0にしてみれば，救済効果だけでなく消費刺激効果もあったであろう。人は値下げで消費を増やすというのは経済学での自明の理である。過去の成功例のように，これまでありえなかった政策に打って出ることをしないと，深刻な経済の落ち込みからはなかなか脱することはできない。

　ここでは消費税率の0％化を提案した。提案するのは簡単であるが，実際には簡単なことではない。財源が不足する。財務省の反対で日本では簡単には実

施できない。消費税率減税の根拠を考えなければならない。

　第一の根拠は，本書の経済理論でも説明したように，ポストケインジアンのMMTの研究者の主張に従うことである。ある程度まで日本銀行が国債を買っても大丈夫という理論である。MMTに従えば，当面財源の心配はない。MMTと消費税率の組み合わせで，画期的な減税を実現させるというのはひとつの有力な手法であろう。MMTを避ける必要はない。そもそも世界にMMTの根拠を与えたのはアベノミクスに他ならないのであるから。

　第二の根拠は，行動経済学の損失回避行動に依拠し，期限付きで消費税率を引き下げることである。行動経済学の損失回避は，いま買わなければ損をするという気持ちに消費者を誘導するものである。例えば，3年間消費税を引き下げるという期限を設けることにより，今買っておかないと損をするということで，大型の買い物などがなされる。欠点は，期限が切れた後，消費税率を戻すというのは，「増税」に他ならないので買い控えが起きてしまう。よく「期限付き消費税減税」を主張する人たちがいるが，ここをフォローしていないので無責任と映る。著者の場合，この方法をとったとしたら，アベノミクスが行ってきたように，景気の様子を見ながら段階的に引き上げ直していくことでよいと考える。30年かけてようやく税率10%まで辿りついたのにまたスタートに戻るわけである。よってその期間は，超長期でもよいのではなかろうか。

　とにかく消費の喚起こそが経済を立て直す原動力である。本書でも示したように，これこそが経済を動かす基本である。ただし，こうした方策以外にも，国内の消費の立て直し案を考えていかなければならない。過剰設備のある今の日本では，ジュグラー循環（＝設備投資が要因の循環）が山から転げ落ちているのはやむを得ないとしても，その下り坂をなだらかにするように，消費によって過剰設備の稼働率を少しでも上げ，新たな設備投資が必要となる状況づくりをしていかなければならない。

2）インバウンドの復活—稼働率アップ：クズネッツの波への挑戦—

　中国は4月にはいったん新型コロナ騒動が収束し，国内の世界遺産に多くの

観光客が殺到したという。何と観光意欲が旺盛なことか。中国の人たちのこの観光意欲が本物であれば，日本の新型コロナウイルス禍が落ち着いたころ，また日本に来てくれるかもしれない。そう期待するのは筆者ばかりではなかろう。

　訪日客のストップにより，新しく建設されたホテル，リノベーションされた民間宿泊施設，リフォームされた民泊施設など閑古鳥が鳴いている。（GoToトラベルがストップしたときは）空室だらけであった。建設需要のストップでクズネッツ循環の山の上から転げ落ちている状況である。

　訪日客を当て込んだ観光施設，交通機関も危機的状況であろう。各地のテーマパークや観光施設も観光客が見込めない。観光バスは稼働できず，運転手やバスガイドも仕事ができない。

　こうした観光地や観光関係の施設の供給を満たすだけの日本人の国内需要は，当分期待できない。新型コロナ禍が収まっても（観光ではない）他の需要となってしまう。たとえ国内観光客数が戻っても，そこで使う金額が縮小してしまうなどのおそれがある。高齢者は外出自粛を続けていて体力が落ち，かつてのようには観光にも行けなくなる可能性もある。これらの障害を一気に解決できるとは思えない。

　海外からの観光客が戻れば，客数が減った地方空港，地方につくられた高速道路，クルーズ船の寄港できる港湾などのインフラが再び蘇る。無駄といわれた公共事業が生き返る。

　これらが復活するには，外国人観光客が再び日本を訪れて，これらの宿泊施設を埋めることしかない。だが，世界各国，どこも新型コロナに巻き込まれて，特に欧米は日本よりも打撃が大きく，死者も多数出た。彼らが直ちに日本観光を楽しもうとしてくれるような気はしない（＝が，ニュースを見る限り，彼らは外で遊びたくて仕方ないようにも見える！）。

　そこで真っ先に期待できるのは，中国からの観光客である。前述のように中国の人たちの観光意欲は旺盛であったし，これからも旺盛であることが期待できる。また，徴用工問題を発端にねじれている韓国との関係が改善できれば，韓国からの観光客も期待できる。一番近い国からの来訪者は大歓迎すべきであ

る。隣国との良好な関係の再構築こそ経済を救う可能性がある。それらの2つの大きな流れができれば，それ以外の地域からの訪日客も増えることが期待できるかもしれない。ただし，あくまでも，中国の人たちの観光への意欲にかかっているし，韓国との問題解決にかかっている。そして，観光客がある程度訪日するようになったとしても，過剰なホテルの空室を埋めるほど来るかどうかはわからない（＝中国の人はお金を使いたくて，うずうずしているような気がするのだが）。

　前述のように，訪日客の消費は輸出に計上される。なるほど，日本の国民所得が増えても訪日客の所得が増えるというものではないので，したがって訪日客の消費が増えるわけではないので消費という統計には入らない。だが，訪日客が買えば，お店もイノベーションによって新しい商品やサービスをつくり出し，日本人の消費も刺激される。

　クズネッツの建設に関係する20年周期の景気の波については，その落ち込みができるだけ小さくするような努力をすることが大切である。ホテル建設，都心の大規模再開発の見込みが薄い中，クズネッツの山の山頂からの下り坂をできるだけなだらかにする努力が必要である。

3）AIによる技術進歩―コンドラチェフの波を動かそう―

　本書ではイノベーションの重要性を説いてきた。それは落ち込んだ経済で，順調に景気の山を駆け上っている原動力となっている。イノベーションとは，コンドラチェフの波を動かしている技術進歩である。小さいイノベーションから大きなイノベーションまで多種多様である。小さくてもコンドラチェフの波を動かすには重要な要素となっている。

　AI技術の進歩は，これまで不可能だったことを可能にしてくれる魔法に値する。その中でも，持っている金融資産が動かないと非難されていた高齢者の人たち向けに，いろいろなイノベーションが考えられる。少子高齢社会では，高齢者の人たちも消費をしないと，現役世代だけの力では経済が十分機能しない。安心安全，健康，楽しみなどさまざまな方面のイノベーションが高齢者の

財布を緩ませる。

　今後自動運転の自動車は，高齢者には必須である。高齢運転で相手も自分も不幸にしてしまったこれまでの高齢者は，自己の過失ではあるが，他方，気の毒な人たちでもあった。免許を返納させられて，自由な社会から遠ざけられてしまっていた。そうした高齢者の運転を手助けする技術が自動運転であり，その進歩によって高齢者が不自由なく行き来できるようになる。自動運転の完全に安心安全な自動車への高齢者のニーズは，好況・不況の関係なく存在するであろう。

　高齢者にとって安全と並んで健康もお金をかけたいところだ。イノベーションでも，経済社会では，高齢者を健康にすること，高齢者が有用な買い物をできるようにすることが重要である。高齢者が健康となるための，もっと大きなイノベーションの波をAIが可能にしてくれることを期待する。

４）公的資金の社会主義化は経済を小粒化させる
―日本企業の大粒化を！―

　大型公的資金で経済を救うのは，1990年代の住宅専門会社から始まり，小泉内閣で本格化した。バブル崩壊後の日本経済立て直しに不可欠であった。アベノミクスでは，その形を変えて日本銀行の株式購入（＝直接はだめ），および年金資金での株式購入で，金融市場が社会主義化した。そのため，大きな経済変革ができなくなってしまっていた。

　経済界が小粒化してしまった。もてはやされている経済人を見ればわかる。アメリカの検索エンジンを導入して手がけた会社の経営者，児童労働はさせていないと言い訳をしながらのファストファッションの経営者，昭和からの自動車企業の経営者，……。本人たちは自分たちが大物だと思い込んでいるようだが，スティーブ・ジョブズ，ビル・ゲイツをはじめGAFAMの創業者，トランプ氏に目の敵にされた中国の大企業創業者の足元にも及ばない。テレビに出てくる若手コメンテーターの経済人も画期性に欠けている小粒経済人。米・中のような超大物を生み出さない構造になってしまっている。

　長期的には株式市場の自由化を進めなければならない。2020年12月には，コロナ禍にもかかわらず，日経平均株価は30年ぶりの高値をつけた。将来伸びそうな企業の株価が上がった。あてずっぽうとしか言いようがない状態に陥っている。公的資金の下支えで，投資家も，そして株を上場している企業自身も正確な企業評価が不明になってしまっていた。

　ただ，これを短期的には否定しがたい。コロナ禍の間をどうにかしのがなければならなかった。所得格差を生じさせてしまっているといっても，株式市場から公的資金を引き揚げて，コロナ禍で1億総貧乏になるのも困る。短期的には日本銀行資金でETFを購入し，株を買い支えるのもやむを得ない面があった。

　大きな金額を稼ぐからといって，他人のふんどしで相撲を取っているような自社開発力のないIT企業，昭和からの大手でEV開発競争に出遅れている自動車企業などは小粒の分類である。日本では，雨後の筍のような若手経営者企業も小粒のままである。グローバル化した時代を引っ張る技術開発力を持った企業の誕生を期待したい。

5）デフレは味方

　デフレという言葉を使うと，最近は需要不足もその意味合いに含まれていて，ややっこしい。そこで元祖デフレ（＝物価の下落のみを指す）という言葉を使えばよいであろうか。元祖デフレは，捉え方によっては国民の味方である。

　行動経済学の本で優れている川西諭（2016）が次の記述をしている。「公的年金の半分を株式で運用するのは間違いない，その方がよい。なぜならば，不況期には物価の下落があり，運用失敗で年金の給付額が減っても，その物価の下落率と同じならば問題ない」とのこと。運用失敗で年金給付を減らしても，実際には不況の状況になっているから物価も下がっているだろう。だから，年金資金が減った分，物価の下落があり，何も変わらないという見方である。物価下落は年金の味方をするという考え方である。

　本書の見解は，やはり物価下落が消費者の味方になってくれるというものである。政府は物価上昇2％を目指してきたが，本書の記述にもあったとおり，

最近使われているデフレという言葉には需要不足という意味も含まれ，「物価下落→物が売れても儲からない→労働者の給料が下がる，または失業する→買えない→より一層の物価下落→……（繰り返す）……」という循環を指す。だが，物価が下がるのと労働者の給与の下落が同時に発生すれば，購買力は落ちないのであるから，川西の年金資金の見解を労働者の給与に当てはめてみれば，問題ない。デフレという言葉に，経済学関係者がいろいろな意味を持たせたからややこしくなった。元祖デフレは大いに結構である。

2．今後の経済について考えよう

1）経 験 則

　2020年が経済の大きな転換点となった。これまでの日本経済の大きな転換点は，おおよそで見ると，1980年には石油ショック（1974年，1979年の第1次，第2次石油ショック），1990年にはバブル崩壊，2000年にはアメリカのITバブル崩壊，2010年にはリーマン・ショック（2008年リーマン・ショック，2011年東日本大震災）であった。そして今回が2020年の新型コロナ禍である。これらを見ると，日本経済は約10年ごとに大きな転換期を迎えている。経済状況が良くなったかと思うと，さもそれが幻であったったかのように経済が落ち込む。これを繰り返してきた。バブル経済の崩壊を除けば，どれも国外的要因であったり，自然災害的要因（含新型コロナウイルス感染症）であったりする。自分の責任ではないということである。

　ということは，逆に考えれば，日本経済は，国内的要因で大きく崩れることが少なかったといえる。1973年の狂乱物価の後，石油ショックにあっても立ち直った日本経済であるから，石油ショックがなくても狂乱物価から立ち直れていたであろう。よって，日本経済が打撃を受けるのは，外部的要因である。外部的要因によって10年ごとに困難に見舞われているが，この自然法則に注意すべきだという学者はいない。経済学者もいない。まさか2030年に日本経済に何

か打撃の起きることが起きると予言しても，根拠薄弱で誰も信じようとしないであろう。結局，ある程度の長い間には必ず何か負の出来事が起きるということであろうか。よって10年ごとに気をつけるべきというのは，経験則からは間違っていない。コロナ禍からの経済回復を行ったとしても慢心をせず，日本経済は次の災難に備えておくことを望む。

2）自由経済を

　これからは経済活動を行っていく人たちの意識の変革，つまり消費者や企業の意識の変革が必要になる。従来の経済理論の効用最大化，利潤最大化を目指せば解決できるという状況にはない。長期的な視野に立った経済活動が必要となろう。なぜ既存の経済理論の効果がなくなるかというと，コロナ禍等の災害でそこで活動している消費者や企業の自由が利かなくなるからである。

　2020年7月には第2波，12月には第3波と見られるような急激な感染拡大に襲われた。政府やテレビの番組からさまざまな情報が飛び交い，「外出してよい」「いや外出してはだめだ」「こういう条件ならばよい」などが混在し，国民は迷わされてきた。これらの情報をいったん脇に置いて，単純に考えてみよう。若者は症状が重くならないので行動的になっているが，60代以上は重篤化するリスクがあるから行動を控えている。この点が経済にとっては致命的な事態である。ワクチンが世界的に普及して，健康が保証されるまではこうした傾向は免れない。少子高齢化で増えた60代以上が行動を控え続けるのであるから，しかも全世界でそうであれば，経済はV字回復どころではない。数年間（？）各国間の行き来もままならない。手をこまねいていると，経済の長期低迷が予想される。

　そこで，本書のような工夫が必要であると考える。著者は「ピンチはチャンスの代名詞」と考えている。2020年には，60代以上が経済社会の中の片隅の枠の中に入ってしまっていた。その枠を崩さない限り，経済の本格復興はない。本来ならば，陽性の人が枠の中に入り静養し，大半の健康な高齢者は枠の外でのびのびしていてもよかったはずである。日本ではそれができなかった。陽性

の人は数週間で枠から出られるのであるから，早々に枠はほとんどなくなるはずである。60代以上を自宅という枠の中に入れておく限り，経済の本格的復興はない。

　本書はコロナ禍からの経済復興の処方箋も示した。だが，前提が崩れていては，つまり60代以降が自宅という枠に閉じ込められたままの状態では，処方箋も何もない。PCR検査を普及させて，社会に年齢的区分けでなく，感染の有無で区分けをつくり，感染者が早期に退院することを想定して，<u>すべての国民が自由に経済行動をとれる</u>ような環境づくりがなされるべきである。自由に行動できることこそが経済の基本であるからだ。そのうえで，本書処方箋が本当に役立つであろう。いまこそ自由経済の大前提であり，経済学の基本を忘れてはならない。

第16章

トランプ政権時代（2017-2021）と
バイデン新政権のアメリカ経済

　最後に，アベノミクスと並行したアメリカの経済の様子も振り返っておこう。
2017年から2021年１月まで世界中を騒がせたトランプ大統領１期目の政策も，
どこにポイントがあるのかわかりにくかった方も多かろう。アメリカだけでな
く日本も2016年の大統領選挙前から「とにかくトランプはひどい」という論調
ではじまり，当選したら，手のひらを返したように「安倍さんと仲が良くて，
日本はアメリカとの友情で結ばれている」と評価を豹変させた。トランプ大統
領の経済政策のポイントを理解することなく，任期が終わってしまったという
ことがいえよう。

　トランプ大統領の政策は，わかりやすい。ここまで説明してきた元祖ケイン
ジアンの理論の需要面の充実と，産業の生産体制をとにかく整えるという供給
面の充実（サプライサイド経済学）の両方を行った。前者は大きな政府の立場，
後者はサプライサイドエコノミクスといって小さな政府の立場。両方を行った
といえる。

1．トランプ大統領時代

1）新型コロナ危機

　さまざまな批判を受けながらも，トランプ大統領は経済の指標を向上させた
ことは確かである。彼の在任中の失業率の推移を**図表16-1**で見てみると，就

任時5％を超えていた失業率（2015年12月末日5.28％）が2019年には3％台（3.68％）にまで低下した。雇用が増え失業者が減少した。株価についても，ニューヨークダウ平均を見てみると，2017年1月の就任直前は19,000ドル台であったが，2019年末には28,538.44ドルにまで上昇させた。トランプ政権は主要統計を上向かせたといってよい。

　だが，2020年になり，新型コロナウイルス危機が世界中に巻き起こった。アメリカのダウ平均で，上述のように一時約29,000ドルまで行った株価の相場が2月，3月には急落し，2017年1月のトランプ大統領誕生時19,827ドルを一時下回ってしまった。その後，株価はFRBの介入などもあって持ち直したが（2020年中に30,000ドルを超えた），実体経済については，トランプ大統領が誕生以来の好景気がすべて吹っ飛んでしまった。コロナ禍によってトランプ景気が消滅してしまったと解釈できる。

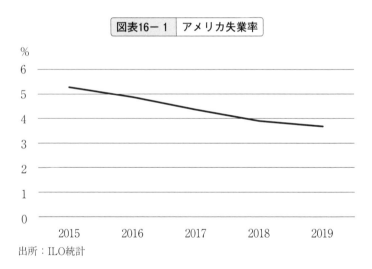

図表16－1　アメリカ失業率

出所：ILO統計

　コロナ禍では世界の経済を動かすのに不可欠である原油の価格も一時大暴落した。原油価格も最高は1バーレル147ドル（2007年7月）を超えていたものが，2020年3月には20ドル台を割ってしまった。一時マイナスになったこともあった（＝原油を抱えている者が，保管代に耐え兼ね，お金を支払って原油を

引き取ってもらった）。これまで，原油価格が上がりガソリン料金も上がって我々も苦しめられてきた。その原油価格が大幅に下落したのである。経済の状況および先行きが暗く，原油が従来ほど必要ないだろうとの判断から，原油需要が減り，価格が大幅下落した。原油の下落は，産油国の収入が減るということを意味する。産油国のお金はオイルマネーと呼ばれている。オイルマネーを含め原油市場で稼いでいた資金が行き場を失い，各国の金融市場に流れてきた。各国の中央銀行が自国の株式市場を支えているが，それが崩れればオイルマネーも打撃を受ける。アメリカでもFRBが株式相場を支えているとはいえ，予断は許さない。

　他方，実体経済において，コロナ禍でアメリカも悪影響を大きく受けたことは否めない。生産が減少し，大量の失業者が発生した。この章では，ジェットコースターのように上り，そして下ったトランプ大統領の功罪を，経済学の理論に沿ってわかりやすく検証してみよう。彼の経済政策は従来の経済学に沿っているので本当にわかりやすい。その内容がわかれば，アメリカ政府や日本政府が行ってきた経済政策の意味がわかるであろう。トランプ大統領の政策をさかのぼれば，経済学の基本的な勉強になるであろう。

２）サプライサイドの充実

　さすがに，コロナ禍での経済の急激な動きはトランプ大統領のせいではない。だが，トランプ大統領の政策の中で，新型コロナ危機にしぶとく対応する政策もあった。トランプ氏が大統領になる前は，世界各国でサプライチェーンといって製品の製造や販売で分担作業（＝分業）を行っていた。サプライチェーンとは，国際的な分業や国内の分業を指す。自国内で原材料の調達から製造販売までを手掛けるのではなく，人件費などの安い国，技術力がある他国が途中の段階を担当し，先進国は自国内の工場で最終加工するか，完成品の輸入を行って販売するだけという構造のことである。国際的なサプライチェーンを例にあげよう。Aという商品を原材料から消費者に販売するまでの国際的な分業体制である。原材料の調達から製品完成のプロセスを１つの工場で行うのでは

なく，1つの工場の負担が大きくならないようにしている。原材料からＡ１という部品をつくるのは他国の会社Ｂ１，Ａ２という部品をつくるのはやはり他国のＢ２という会社，それを輸入して国内のＢ３という会社が，Ａ１とＡ２を組み合わせてＡ３という部品をつくって大企業のＢ４に納入する。すべての部品について他の企業からもこうして仕入れて，会社Ｂ４は完成品を作り上げる。

　さて，新型コロナウイルスの世界的パンデミック時のように，他国の会社の生産が止まってしまうと，国内への部品の輸入がストップする。すると，大企業への納入ができなくなり，大企業も部品が足りなくなって生産ができなくなってしまう。サプライチェーンの大きな欠陥であるといえよう。

　2020年のコロナ禍では，世界中のサプライチェーンは機能しなくなった。だが，アメリカの場合，幸か不幸かトランプ大統領は2017年に就任後，他国から輸入するときの関税を引き上げて自国内の生産にシフトさせてきた。自国内の生産力を高め，自国内での雇用を増やすためだった。同時に企業の大幅な減税を実施し，アメリカの生産力を高めてきた。そのため，世界中のサプライチェーン崩壊という影響を大きく受けるということは他国よりは少なかった。この点，転んでもただでは起きないトランプ大統領であった。

3）トランプ政権誕生

　2017年アメリカにトランプ大統領が誕生した。当選前，アメリカでも日本でもトランプ氏はめちゃくちゃな言われようをしていた。経済面を含めて，あらゆる面で「あいつが大統領になったら大変だ」という言い方だった。アメリカだけでなく，日本を含めて世界中でそう言われていた。グローバル化社会において，アメリカファーストの保護主義の主張はナンセンスだと批判されていた。しかし，就任後，株価を上昇させ，失業率を大幅に低下させるなどいつの間にかにアメリカ経済を立て直し，トランプ氏は大成功者の大統領としての評価に変わった。それが功を奏したのを見て，日本でもまったく手のひらを返したように彼に対するコメントは変わっていった。

　しかし，この一連の手のひら返しの評価を見ていると，世間では経済学がわ

かってない人たちがマスコミなどの前面に出ていることがよくわかった。いや経済のプロも，世の中の声に流されてトランプ氏の政策を批判していた。「メキシコとの国境に壁をつくるなんてナンセンス」と。実はトランプ大統領が唱えていた政策は，経済学の教科書どおりの内容である。反対する人たちは，グローバル化が進んでいる世界経済において，トランプ大統領のいう保護主義はおかしいと言い放っていた。しかし，それは，グローバル化の経済学も理解できていないし（＝そもそもグローバル化をしっかり説明できている理論はないので仕方ない），経済学の基本も理解できていないことから来ていた。実は，トランプ大統領の政策は経済学の基本を実行したものであった。

> **一口メモ　カジノを含む統合型リゾート**
>
> 　トランプ前大統領は実業家で，不動産業を生業としていた。30年前に筆者がアメリカに留学した際，留学先のオールドドミニオン大学のあるバージニア州のノーフォークという町からニューヨークのマンハッタンに，日本の食材を買い出しによく行った。すると，マンハッタンでは，5番街でトランプタワーが名所となっていた。トランプ氏が建てた建物である。当時有名新聞で，なぜだか若かりし頃のトランプ氏と女性が1面を飾っていたのを今でも思い出す。
>
> 　あるとき，ノーフォークの近所の知人に誘われて東海岸のアトランティックシティという，海辺のカジノの町に行ったことがある。1976年にカジノが合法化されたところだ。海岸沿いにボードウォーク（＝木で造られた道）が11キロも続き，それに沿って大きなカジノホテルも並んでいた。そこでは（出来立ての）タージマハルというカジノがもっとも有名であった。宿泊施設を併設したインドの宮殿を模したカジノホテルだった。そこの経営者がトランプ氏。いまやカジノの世界的な競争に負けて，アトランティックシティは街自体すたれてしまった。だが，トランプ氏がそのとき培ったカジノの人脈は健在なはずである。
>
> 　「俺はとばくを不道徳だったと思ったことはない」（＝蟹瀬誠一（2019））というトランプ氏に日本は押され気味で，日本はカジノを含むIRを誘致しようとした。カジノ経営者が自分の支援者であるトランプ氏の強い影響下での日本のギャンブル産業開設には不安が残るところである。蟹瀬（2019）によれば，カジノは「カジノの胴元ががっぽり儲かるビジネス」だそうである。当たり前といえば当たり

前のことである。日本にはギャンブル産業運営のノウハウはないので，アメリカをはじめとする外国の企業に運営を依存せざるを得ない。アメリカにがっぽりお金を持っていかれる，お金の吸い取りポンプの仕組みを日本の国内につくることにはなるのであろうか。日本からアメリカへのお金の吸い上げに関して，アメリカから防衛装備品を言い値で買わされるポンプとギャンブルのお金を吸い上げられるポンプの二本立てになるかもしれない。トランプ氏はここでもしたたかだった。

一口メモ　○○ファースト

　○○ファーストという言葉はわかりやすい。トランプ大統領もアメリカファーストという言葉をキャッチフレーズとして好んで使った。国民にもわかりやすい言葉だった。結局，トランプ大統領は他国を差別し，けなし，アメリカがただただ有利なように仕向けた。歯向かう国，迎合する国，そのいずれに対してもアメリカに有利なようにトランプ大統領は政策を運営した。アメリカファースト以外にも，都民ファースト，アスリートファーストという言葉も使われている。わかりやすい。しかし，東京都では他県の人たちが働いているし，買い物にも来ている。都民からの税金だといっても，東京都の産業は他県の人たちからも支えられている。アスリートファーストという言葉は，かつて監督，コーチ，運営者が大手をふるっていたのに対し，選手を大切にしようという意味が含まれているのであろう。この言葉はアメリカにはないようだ。実際には国民が第1で，選手は第2のはずである。アスリートがいつの間にかに国民よりも優先されることは避けてほしい。いずれにせよ，○○ファーストという呼称は人に順位をつける，人間を区分けする言葉で好ましいものとは思えない。

２．トランプ政策の基本経済理論

１）トランプ経済政策の経済学での説明１
―サプライサイド経済学―

　トランプ大統領１期の保護主義政策がなぜ正しかったのか（＝ただし，アメリカにとって正しかったに過ぎない。それも中長期的に見ればアメリカにとって良いことだったとは思えないが）。

　トランプ大統領は生産面での充実に力を入れた。供給面，つまりサプライサイドでは，海外で生産しアメリカに輸入するのではなく，直接アメリカ国内で生産を行うように企業に促した。その結果として，日本をはじめ海外に生産拠点を持ってアメリカに輸出していた企業が，直接アメリカ国内に工場を建設し生産を行い始めた。供給体制を強化した（＝需要面を重視するケインズ経済学に対して供給面を重視する経済理論をサプライサイド経済学という）。

①　企業減税

　企業家だけあって企業に有利な法案は積極的に通した。法人税減税も実行した。2017年の税制改正法案可決で最高35%だった法人税を21%まで引き下げた。法人税の減税は企業に余裕資金をもたらす。稼ごうというインセンティブももたらす。その資金で企業は設備投資を行うことができる。それによって，国内の生産能力が増すこととなった。

　元祖ケインジアンにもつながる。設備投資が増えれば，経済の循環が動き出し，国民所得が増えていく。その中で，雇用が増えていく。トランプ大統領はひときわアメリカ国内の雇用の増加を大切にした。

②　富裕層の減税

　他方，個人の所得税最高税率も39.6%から37%に引き下げられた。個人の所

得税引き下げは消費を刺激し経済の循環を動かすだけでなく，供給面を支える労働意欲の向上にもつながる。ただ，2018年の中間選挙で敗退したため，下院では過半数を得ることができなくなった。したがって，新たに中間層に減税をしたい旨の発言は繰り返したものの，トランプ政権で次々に減税を行うことは容易ではなくなってしまった。富裕層の減税は票には結びつくが資産運用につながり必ずしも消費に結びつくとは限らない。消費に結びつきやすい，元祖ケインズ経済学的な中間所得層の減税ができないことが経済の足かせとなった。

③　ラッファー曲線

　サプライサイド経済学の基礎に，ラッファー曲線の理論がある。税率を引き上げることは逆に租税収入を減らすことに通じるというものである。図を使うと，ラッファー曲線の考え方は簡単に説明できる。縦軸に政府の税収，そして横軸に税率をとって，その両者の関係を示すと，**図表16－2**[24) のようになる。この曲線の特徴は，まず，税率がゼロのときに税収がゼロとなることと，税率が100%になるとやはり税収がゼロになるということである。もし税率が100%になると，労働者は全く労働意欲をもたなくなると考えられる。つまり，労働者が働かず所得をもたないため，政府に税が入ってこない。

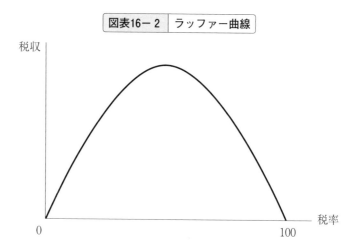

図表16－2　ラッファー曲線

したがって，増税しすぎることはよくないということである。途中までは，一見，税収が増えることになるが，そのあと，経済は停滞し，税収が減っていくという理論である。100人が聞いて100人が理解できる理論である。ただし，問題は，この最高点の位置がわからないことである。つまり，何％まで増税してよいのかがわからないということである。

このサプライサイド経済学の考えに沿えば，減税を行って企業に投資意欲を持たせ，労働者に労働意欲を持たせれば，生産が充実する。供給体制が充実すれば，品質の良い安価な製品が供給されるようになるので，需要が生み出され，経済に好循環を生み出す。

これは元祖ケインジアンとは真逆の考え方でもある。元祖ケインジアンでは，需要を生み出せば生産がついてくるという考え方であった。需要が先か供給が先かで真逆の考え方となっている。後述するように，この両方の経済理論を取り入れて実行しようとしたのがトランプ政権で，だからこそコロナ禍以前には実績を生み出したのであろう。

２）トランプ経済政策の経済学での説明２
　　─保護主義と元祖ケインジアン─

トランプ政策の一部は，サプライサイド経済学に対峙する元祖ケインズ経済学に当てはまる。トランプ大統領の需要面の経済政策が需要重視の元祖ケインズ経済学の理論にあてはまっていたことも示しておこう。

供給政策と同時にトランプ大統領は需要政策を実行してきた。この両者を強化する政策を行ってきた。前述のように，元祖ケインジアンに従うと，需要がなければ，いくら供給だけが整ってもダメである。トランプ大統領は，需要をつくり出し，国内でその供給を行う構造をつくり上げる努力も行おうとした。需要増によって供給体制をつくり上げれば，やはり雇用が増えて，その人たちがまた支出して需要増につながるからである。

トランプ氏の主張の１つは，メキシコ国境から不法移民が流入してきてアメリカ人の仕事を奪ってしまうこと，だから国境に壁をつくる必要があるという

こと，そして他の1つは，輸入ばかりしていてアメリカは不利になってしまうので国内の生産を中心に据えるということだった。世間からは，メキシコ国境に壁をつくるなんておかしい，グローバル化の世の中で自分の国の生産のみを重視する保護主義なんておかしい，このような批判が起きていた。

　第一に国境の壁の建設であるが，それによって政府支出の需要が増えると，壁建設という生産が生まれ，それをつくるための雇用が増える。よって労働者と企業の所得，つまり国民全体の所得が増える。国民全体の所得が増えると，それを使っての消費支出が増え，またそれに応じた生産が増え，雇用が増え，国民の所得が増える。これが繰り返される。この繰り返しによって，国民の所得がどんどん増えていく。国境の壁の建設の公共事業を行えばこの仕組みが機能し，経済のこの循環が始まり，国民は潤っていく。膨大な費用が掛かる国境の壁づくりは有力な公共事業である。実際には一部しか建設されなかったが，考え方は重要だったのである。このケースでは不法移民が来ないことにより，トランプ大統領がいうアメリカ人の雇用確保につながるという効果もあったのであろう。

　第二のアメリカが輸入ばかりしているから保護主義にしようとしているという問題だが，トランプ氏の主張は理にかなっている点もあった。輸入は，仮にそれを国内で生産していた分だけの雇用を奪ってしまう。雇用を奪うということは国民の所得を奪うということである。**図表3-1**（17頁）にあるように，輸入が増えると，生産が減り，雇用が減り，国民の所得を減らしてしまう。国民の所得が減ると消費支出が減り，どんどん雇用を減らし，国民の所得を減らしていく。マイナスの経済循環である。だから，トランプ大統領は，輸入を嫌っていたわけである。輸入をしないでその分自国で生産すると，自国の雇用が増えて国民の所得がどんどん増える。保護主義はアメリカにプラスをもたらす。

　このように，トランプ大統領の保護主義は，元祖ケインジアンの経済理論どおりだといえよう。

３．トランプ氏の経済政策とコロナ禍

１）株価─トランプ大統領の誕生とともに上昇─

　2017年に誕生したトランプ大統領は，当初保護主義が批判されていた。だが，保護主義政策，いやサプライサイド経済学と元祖ケインジアンをうまく組み合わせたマクロ経済政策を実施した。それとともに，アメリカの株価も上昇していった。12月末値で2015年にはダウ平均が17,425.03ドル，2017年には24,719.22ドル，2019年には28,538.44ドルと上昇している。前述のように，雇用が増えたのは事実であり，トランプ政策が経済の成長を促したことも明確である。

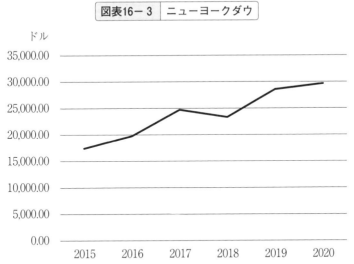

| 図表16-3 | ニューヨークダウ |

出所：Yahoo! FINANCE - Dow Jones Industrial Average（URLは長いため省略）12月末値
　　　（2020年のみ11月末値）

　ただ，このように急激に株価が伸びるほど経済が成長したかといえば，そうではない。株価の上昇にはバブルの面があり，実体経済以上に株価が上昇して

いた。もちろん，こうした株価の上昇を資金運用のプロがあおっていることは確かだが，他方で一般の人たちの儲けたいという心理が働いた。行動経済学の「同調行動」で，皆が並んでいるところには一緒に並んで一緒に買っていれば安心であるという話と同様である。アメリカでは，金儲けが当たり前の行動となっている。株を皆が買っているならば自分も買うという同調行動が発生し，バブルをあおっていたのも事実である。トランプ大統領の利下げの要請にFRBが渋っていたのも，利下げをしたら余計バブルを助長することになるのを恐れたからである。

　2020年の新型コロナ禍のときに，アメリカの株価は一時大きく下がった。そこでFRBが買い支え，「儲けたい」という人の気持ちが相まって株価は経済実体を反映しないほど高騰した。日本と同様である。

　これは，本書で主張する株式市場の調整不全の現象である。経済の市場には，価格が高くなりすぎると冷水をかけて冷やすという調整機能が備わっているはずである。コロナ禍の前と後で株価があまり変わっていない，それどころか株価が史上最高値まで上がっているのはこの調整機能が働いていないということに他ならない。中央銀行が株式市場に資金を流すなどで，調整機能が失われている。社会主義といっても過言ではない。アメリカにしても日本にしても社会主義を嫌っているのだが，次第に社会主義に近づいていくのが不思議である。株式市場の調整不全が金融市場で儲かって富を増やす人たちと，お金の回ってこない実物市場で給料が低水準のままの人たちとの所得格差も生み出している。アメリカの所得格差は中途半端ではない。1％の金持ちがアメリカ全資産の30％を保有するという異常事態となっている。実態からかけ離れたお金の遊びで儲けている人，それができない人の間には大きな差があり，その差はますます開いてしまっている。長期的には，やはり陳腐化して市場から退出すべき企業が退出せずそのまま温存されるので（＝トランプ大統領が応援していた化石燃料を扱う企業など），経済の整理（＝良い企業，時代に合った企業が残り，時代遅れの企業がいなくなった経済社会づくり）がうまくいかなくなる可能性がある。

２）新型コロナウイルス感染症の発生と対策[25]

　読売新聞オンライン（2020.7.30）によると，「米商務省が30日発表した2020
年４〜６月期の実質国内総生産（GDP）速報値（季節調整済み）は，年率換
算で前期比32.9％減だった。新型コロナウイルスの感染拡大で経済活動が急激
に縮小した影響から，マイナス幅はリーマン・ショック直後の08年10〜12月期
（8.4％減）などを大幅に上回り，比較可能な1947年以降で最悪の落ち込みと
なった」とのこと。

　トランプ大統領も大慌てであった。自分が築いた功績が一時すべて吹っ飛ん
でしまった。FRBのサポートで株価は持ち直したが，危機感は大きかったよ
うだ。ただちに経済対策を発表した。国民に現金を配る案と企業に融資をする
案が柱であった。

　なぜ国民に現金を配るのか。本書の読者はおわかりであろう。経済の原動力
は消費であり，経済の循環のプロセスで，**図表３−１**（17頁）で「消費の門」
を１周りごとに必ず通る。消費が活発化しない限り，経済は良くならない。そ
のための措置である。お金が国民に配られて所得が増えたとき，アメリカの場
合消費に費やす割合が非常に高い（日本は約６割だがアメリカは約７割）。そ
の意味では，日本よりも効果が高いかもしれない。

　トランプ大統領の政策はいずれも経済の理論どおりで，効果も見込まれた。
ただ，アメリカ経済の復活について，トランプ大統領的経済政策に従っていれ
ばよいといえないところがあった。日本と同様，高齢者はこのコロナ禍で自粛
傾向になったし，コロナ後にもコロナ禍の疲れで健康を害していて，十全に経
済行動がとれないことが考えられる。それでは，アメリカ経済もＶ字回復など
先の先である。

　トランプ大統領の政策は，アメリカの経済さえよければよいという手法だっ
た。それにみんなが躍った。アメリカ人だけでなく日本人まで。しかし，一方
で環境保全を犠牲にしてきた。化石燃料の産業を重視し，環境保護で合意した
パリ条約から離脱するなど，環境を捨ててきたと言ってよい。環境を犠牲にし

てまでの経済成長は，長期的視野に立っていないことになる。その他，他国とのトラブルでグローバルな市場を狭めてしまうなどの弊害も多かった。自国優先の政策は世界経済にひずみを残した。

　かくして，トランプ大統領の政策は，短期的には経済理論どおりで好ましいかもしれないが，中長期に見ると，経済の他の根本的な問題を発生させた。トランプ大統領的な政策で経済を立て直すよりも，AIなどのイノベーション力を強めることに力を入れ，短期的には好ましくなくても中長期的には地球にとってやさしい政策，しかも効果的な政策が必要と思われる。

4．対外的経済政策

1）貿易―日本に対して―

　日本に対して鉄鋼の税率を2018年に25％に引き上げた。安倍首相と仲がよいという関係は全く考慮されなかった。おそらくトランプ大統領の，次の戦略への布石だったのであろう。2019年に日米貿易協定が締結され，2020年1月より主に日本側の農産物の関税が引き下げられた。牛肉は38.5％の関税が1月より26.6％に引き下げられ，最終的には9％になるという。豚肉は1キロ482円が最終的に50円に，ワインが15％または1リットル125円がゼロになる。これらの内容は，オバマ政権時に合意したTPP12での合意内容のおおよそ範囲内だった。

　それに対して，日本は何を取ったか。工業製品や工業部品の一部について関税を引き下げてもらった程度。自動車の日本からの輸出に対して2.5％の関税を頑として引き下げなかった。それが引き下げられない限り，今回の協定は形のうえでウィンウィンにはならない。安倍首相の得意とする自分での解説の言葉の「ウィンウィン」は空虚だった（ように見えるといわれている）。

　が，安倍首相の言葉の「ウィンウィン」も理解できる。もし2.5％自動車の関税が本当に引き下げられたら，日本からアメリカへの自動車の輸出がより一層増えるのは火を見るより明らかである。アメリカの怒りが増幅したであろう。

戦略的に日本がそれを避けたのなら上手な作戦であった。本当のところは，アメリカを刺激せずに終わったことで胸をなでおろせたのは事実である（＝筆者は自動車の2.5％の関税が引き下げられなくてよかったと感じている）。

　だが，1つだけ勝利したというか，日本にとって良かったのは，TPP12の段階で日本とアメリカが合意していた，日本へのコメの輸入の関税には触れられなかったことだ。つまり，2019年の合意ではコメの関税率を引き下げることが内容になかった。コメの生産は日本の根幹である。コメは日本の地形や気候を生かした農産物として適しているため，そして主食として適しているため，日本経済の柱でもある。トランプ氏一流の方法でコメの輸入を余儀なくされたら農家にとって大打撃であったが，それは回避できた。日本が助かった点だ。

　日本に対してトランプ大統領が満足したかというと，その本心は疑わしかった。2015年の日本輸出額75兆6千億円のうちの15.9％だった自動車に対して，終始関税を25％に引き上げると脅し続けてきた。そちらを温存した。トランプ大統領の次の目標がコメの関税の引き下げだったのであろうか。またこの脅しを使おうとしたのか。トランプ大統領の次の戦略については，今となっては彼が政権を降りたのでわからない。交渉相手をおだてたり脅したり，忙しい大統領だったのは確かであった。

2）貿易―中国に対して―

　2018年米中貿易戦争が突然勃発した。中国に対して国内の産業への過剰な補助金もやめるようにとアメリカが要求した。中国政府が中国の産業をコントロールしている形だからである。それについては政治体制にも関係することなので中国側も拒否。中国からの輸入品に関して，トランプ大統領が突然関税を何段階にも分けて引き上げた。対する中国も，アメリカからの輸入品に対して関税を引き上げた。この泥仕合が米中貿易戦争の簡単な構図であった。なぜ突然始まったのか。実際のところは，それ以前は共和党が過半数を占めていた連邦議会の2018年の中間選挙で上院と下院がねじれてしまい，国内政策を自由にできなくなったトランプ大統領が対外政策で功績をあげようとしたとも思える。

●アメリカの中国に対しての関税引き上げ

	品目数	対象額	関税（引き上げ後）
2018年7月　第1弾	818品目	340億ドル	25%
8月　第2弾	284品目	160億ドル	25%
9月　第3弾	5745品目	2000億ドル	25% （2019年5月までは10%）
2019年9月　第4弾	3243品目	1200億ドル （12月に1600億ドル）	15%

●緩和

> 2019年12月
> 　　上記第4弾のうち
> 　　　　1200億ドルについて関税率を7.5%に引き下げ
> 　　　　12月からの1600億ドルの追加引き上げについて無期限延期

　アメリカの関税引き上げに対して，中国も報復的な関税引き上げを行うというチキンゲームになり，世界中が米中貿易戦争の行方を心配することとなった。中国からアメリカへの輸出のほうが多いため，打撃は中国のほうが大きかった。この関税引き上げもトランプ大統領の保護主義政策の一環であったといえる。2019年にはアメリカも関税引き下げや引き上げ延期を実施し，一段落となったかに見えた。しかし，コロナ禍でアメリカの感染者数が増え，大統領選挙を意識したトランプ氏が，中国企業のアメリカでの活動禁止などを打ち出し，両国の関係は混とんとしてしまった。

3）在日アメリカ軍の費用負担―日本にとってはよくない？―

　アメリカは米軍を日本に駐留させ，東アジアの平和を守っている。日本については，日米安全保障条約で日本を守っている。よって，日本のほうも駐留米軍の経費の一部を負担してきた。2019年度予算案では，在日米軍駐留経費の日本側の負担（思いやり予算）は1,974億円であった。在日米軍費用の75%を日本側が負担していたつもりであったが，半田（2016）によれば[26]，一切合切

入れると総額は8,000億円になるため75％に当たる金額は6,000億円となる計算のようだ。その駐留米軍費の全額負担を要求してきた。2,000億円を8,000億円にしろというものである。日米安全保障条約によって，他国に日本が攻められたときはアメリカが守ることになっているのだから，日本が100％負担すべきだという主張であった。

　2020年，アメリカのトランプ政権は韓国にも同様の要求を突き付けていた。韓国は在韓米軍の駐留費用の3分の1しか負担をしていないが，その割合を大幅に上げろと要求した。韓国はアメリカの扶養家族ではなく同盟国なのだから，かつ世界でGDPが11位の経済大国なのだから当然だという主張であった。

　この米軍駐留費用負担増の要求は，日本にとっても韓国にとっても完全な経済問題となった。これが脅しで，他の要求を飲ませるための材料なのかどうかはわからなかった。トランプ大統領にしかわからない。2021年以降の日本の負担額がどのようになるのか，菅義偉政権とアメリカのバイデン政権との交渉に委ねられる。

４）トランプ氏の対外政策は成功したのか

　アメリカが中国からの関税を引き上げたとき中国が報復で関税を引き上げ返したように，アメリカの生産物を他国が買わなくなることもありうる。短期的にアメリカは儲かっても，他の国の力を奪うと，他国の買う力がなくなる。アメリカも，自国内で経済が完結してしまうと，素晴らしい商品を生み出しても，自国の人口内での需要に限られてしまう。中国のような魅力的な経済市場で販売することができなくなる。グローバルな経済の循環が成り立たなくなる。TPPのようなグローバルな自由主義は，他国からの輸入も増やすが，自国民が素晴らしい商品をつくり上げたらそれを買ってくれる市場が自国の人口だけでなく，協定を結んでいる国の全人口まで広がることを意味する。

　では，トランプ大統領は，自国の輸入を減らして輸出も減って自国内だけで収まろうとしたのであろうか。いや，そうではないようだ。中国には貿易戦争を仕掛けて，中国からの輸入を減らすことを材料に，中国にアメリカからの農

産物などの輸入を増やすよう迫った。駆け引きを行っていたといえよう。また，アメリカが関税率を引き上げた分，中国内の企業にコストカットをさせようという意図もあった。ただ，これは短中期的な効果であり，技術力，知力に秀でている中国がそのまま収まるとは思えない。逆に，有力ジャーナル掲載の研究論文数世界一を誇る中国で技術力がより一層高まり，企業の力がより強くなる可能性がある。現に，コロナ禍が起きる前，度重なるアメリカの関税引き上げに対して中国の経済はそれほど落ち込んでいなかった。

5）結　　び

　日本に対しては，防衛面で，戦闘機を1兆円以上買い付けさせたり，在日アメリカ軍の駐留経費を全額日本が負担しろと要求したりとアメリカは強引であった。実際，日本は防衛装備品についてアメリカからの購入を増やした。アメリカ側は保護貿易主義をとったうえ，他国には恫喝にも近い交渉で，しかも日本には飴と鞭でアメリカからの購入を増やさせてきた。

　何もわかっていないと批判されがちなトランプ大統領だったが，彼なりに，輸出を増やし輸入を減らすという，巧みな基本戦略を実行してきた。トランプ大統領の経済政策の主張は，当初荒唐無稽だといわれていたものの，サプライサイド経済学や元祖ケインジアンの経済の仕組みに従って理のある政策であることがわかった。したたかにアメリカ有利にものごとを進めてきた。

　2019年の日米貿易協定で，アメリカの農産物の日本への大幅輸出を勝ちとったトランプ大統領が次に本腰を入れてきそうだったのが在日米軍の駐留経費負担であった。2000億円弱だった日本の負担を4倍増やそうというものである。新たなバイデン大統領はどう出るのか。もしその要求をし続けてくるとしたら，交渉次第ではある。ただ，アメリカが交渉してゼロで納得するようには思われない。落としどころとして，必ずある程度の利がアメリカにあるところでの決着を図ってきたからである。ひとつの交渉が終わったとしても，また次を持ち出してくるのがトランプ流であった。トランプ大統領には，日本からの自動車輸入に関して25％の関税をかけるという脅しがあった。それをいつもちらつか

せていた。鉄鋼の関税が25％に引き上げられ，日本をふるえあがらせながら，トランプ大統領はその後涼しい顔で次々きつい要求をしてきた。バイデン大統領はどうであろうか。彼も自動車の関税を段階的に引き上げてすましているかもしれない。または，それを材料に他の交渉を迫ってくるかもしれない。今後もアメリカ外交には振り回されるかもしれない。

5．バイデン政策

　2020年11月の大統領選挙が近づくにつれて，それ以前は経済理論に立脚していたトランプ大統領の経済政策が迷走を始めた。大統領選挙を意識して，コロナが収まっていないのに経済活動を再開させた。また，中国，イランに対して強硬姿勢を見せることで票を集めようとした。特に中国に対してはアメリカにある中国領事館を閉鎖させた。その後お互いの領事館を閉鎖させる負の連鎖になってしまった。コロナ禍以前，本書で説明できるような基本的経済学そのものの経済政策をとってきたが，11月の大統領選挙前のトランプ大統領は何を目指して，どういう有効な経済政策を打とうとしているのかがさっぱりわからなくなった。新型コロナの感染で通常の経済政策が利かなくなってしまったのは理解できるが，経済政策についての迷走ぶりは目に余った。

1）政策の違い[27]

　さて，バイデン氏とトランプ氏の違いの第一は，富裕層への減税を行ったトランプ氏に対して，バイデン氏は増税を訴えていることである。まず，バイデン大統領は選挙時個人所得税率37％をそれ以上に引き上げることを主張していた。日本での所得の最高税率が45％であるのに，大金を稼いでいるアメリカの富裕層が37％に過ぎない。また，資産取引課税も強化する方針だという。前述のようにアメリカの上位１％の金持ちが全体の資産のうちの３割を所有しているという経済格差問題が深刻である。中間層が衰退する一方，富裕層は株価などの資産運用で儲けに儲けてきた。収入面でも，企業のCEOともなると退職

金が数十億円とか数百億円とか尋常ではない。その稼いだお金を株式などの資産運用するのであるから，富める者はますます富むというわけだ。バイデン氏はこの収入と資産運用にメスを入れようとしている。経済格差の是正がこの政策の目的の1つである。もう1つの目的として，政府の歳入を増やすことができる。財源を確保することで，さまざまな政策が打ちやすくなる（＝元祖ケインジアン）。

　第二は，バイデン氏は法人税率を21％から28％に引き上げるという。企業活動の活性化を訴えてトランプ氏は法人税率を大幅に引き下げたが（＝サプライサイド経済学），それを再び引き上げるという（＝元祖ケインジアン）。企業が儲けた分をそのまま設備投資に回せば経済の好循環が生まれるが，それを金融資産に回すと，例えば株式市場での運用に回すと，株価が異常に高くなってしまう。所得格差が生まれるだけでなく，実体経済から金融市場がより一層乖離してしまう危険がある。また，法人税の増税は政府の歳入を安定化させる意味もある。個人所得税の増税と同様，歳入が増えれば，社会福祉などの政策にお金を回すことができる。

　第三に，環境についても，バイデン氏は重視するようだ。化石燃料関連の業界を重視して環境保全を二の次にしてきたトランプ氏に対して，バイデン氏は環境政策に力を入れる。グリーンエネルギーなど，化石燃料によらないエネルギーなどのインフラ整備に4年間で2兆ドルという巨額の投資を行う。これはコロナ禍で傷んだ経済への大きな投資効果ともなる。また，発電分野では，電力発電により発生する温暖化ガスの排出量水準を15年間でゼロにするという方針である。気候変動に対しての対処を行っていく。環境軽視のトランプ氏に対して環境重視のバイデン氏といえそうだ。

　第四に，雇用については，トランプ氏が新NAFTA（北米自由貿易協定＝旧NAFTAではアメリカ，カナダ，メキシコの3国では貿易障壁を撤廃）で自動車輸入の関税を維持する代わりにアメリカ製の部品を使うように要求するという，他国に無理を強いたのに対して，バイデン氏は，4年間で4,000億ドル分のアメリカ製品を政府が調達するとしている。いずれにしても，国内の生産を

増やし，雇用を維持したり，増大させる政策である。トランプ氏の外国に犠牲を強いる政策に対して，バイデン氏の政策は「バイ・アメリカン」で伝統的な経済政策である。バイデン氏の政策では，製造業で200万人の雇用を増加させることとしている。

　第五に，先端技術の投資への姿勢があげられるが，これは両者ともあまり変わらなかった。先端技術への投資は，雇用を増やすとともに，技術進歩を加速できるので力を注ぐべきところである。バイデン氏の場合，５ＧやAIなどに４年間で3,000億ドルを投資するという。この結果として300万人の雇用を生み出すとしている。

　第六の子育て介護についても，両者の言い分はほぼ同じであった。減税を行い，施設数を増やし充実させるというものである。バイデン氏の場合，公的な子育て介護施設の増強を図るとともに，最大8,000億ドルの税額を免除するという。福祉関係は両者とも力を入れざるを得ない。

２）バイデン氏とトランプ氏のコンセプトの違い

　トランプ氏は，国境に壁をつくったり，輸入を制限したりという点では，政府が経済社会に大きくかかわるという政策をとった。一方で，富裕層の所得減税を行ったり，企業への税金である法人税の減税を行った。これは，消費者や企業が経済の中で独自に活躍することにより経済の市場の力が大いに発揮されるよう促すことを意味する。サプライサイド経済学，つまり小さな政府の考え方に他ならない。あるときはケインジアンの大きな政府，あるときは小さな政府というように，トランプ氏の場合，「大小政府ミックス」という考え方といってよい。もともとトランプ氏は民主党からも選挙に出ようとしていたほどだから，この付近，大きな政府と小さな政府の経済政策の違いを明確化せず，あいまいでよかったのであろう。

　さて，バイデン氏であるが，所得格差をなくすために，富裕層や企業に増税しようとしている。民主党は労働組合などをバックにしているため，労働者重視である。一部の富裕層に集まり，そして企業に集まる富について増税するこ

とにより再分配しようとしている。増税は大きな政府の考え方に基づく。だが，日本や韓国との関係を良くしていこうというのは，貿易を促進することにもつながる。アメリカからの輸出が増えることにつながる。また，もしTPPに復帰するというのであれば，大きな貿易の自由圏をつくることができる。これは，競争原理であり，小さな政府の考え方である。バイデン氏も「大小政府ミックス」の考え方に他ならない。

　通常，民主党は大きな政府の政策，共和党は小さな政府の政策を軸とする。現在のアメリカ経済を運営していくにあたり，国内，国外経済の両にらみをしながら行っていくので，大きな政府，小さな政府の経済政策がケースバイケースになるのであろう[28]。

巻末注

（１） 訪日ラボを参照。

　　https://honichi.com/news/2019/01/28/inboundxstay/

（２） この章は次の文献の情報に基づいて執筆した。

　　田中友義（2010），真壁昭夫（2016），山谷悠紀夫（2019）および次のHP記事

　　「今だから聞けるリーマン・ショックの深層，その本当の原因に迫る」わらしべ瓦
　　版2019.7

　　http://www.am-one.co.jp/warashibe/article/chiehako-20190702-1.html

　　「アイルランド危機」iFinance HP

　　https://www.ifinance.ne.jp/glossary/world/wor014.html

（３） 物価が上昇すれば企業業績が良くなり，労働者の給料が上がる。これが物価上
　　　昇の目標である。だが，労働者の給料が上がった分物価が上がるのだから，実質
　　　的に変わらない。これを経済学や行動経済学で貨幣錯覚という。したがって，給
　　　料も上がらないが物価が上がらないのと同じである。p.37の一口メモも参照のこと。

（４） 経済の仕組みについては，水野の次の著書を参考としている。

　　水野勝之（1997）（2000）（2001）（2005）（2006）

（５） 首相官邸HPを参考とした。

　　https://www.kantei.go.jp/jp/headline/seichosenryaku/kihon.html

（６） この部分については，野見山莉緒氏（明治大学商学部３年）にも手伝っても
　　　らった。

（７） 西井泰之（2020）

（８） 観光庁HP

　　https://www.mlit.go.jp/kankocho/siryou/toukei/kouka.html

（９） 東京オリンピック・パラリンピックの施設建設にお金が回されてしまったため，
　　　東日本大震災の復興が遅れたという意見もある。

（10） 外務省HP

　　https://www.mofa.go.jp/mofaj/gaiko/tpp/index.html

（11） 2019年12月段階でメキシコ，日本，シンガポール，ニュージーランド，カナダ，
　　　オーストラリア，ベトナムの７ヵ国が国内手続を完了した。

（12） HR NOTE「３年以内の若者の離職率は約３割！　なぜ，早期離職は減らない
　　　のか？」

　　https://hrnote.jp/contents/b-contents-sokirisyoku-180803/

（13）ここでの説明は水野勝之他（2018）に基づいている。

（14）水野勝之他（2018）を参照のこと。

（15）本章の執筆については明治大学客員研究員土居拓務氏も手伝ってくれた。

（16）本節「海洋プラスチックごみ問題」の執筆については土居拓務氏（明治大学客員研究員），矢萩隆明氏（明治大学商学部 2 年）も手伝ってくれた。

（17）本節「アベノミクスの森林改革」の執筆については明治大学客員研究員土居拓務氏も手伝ってくれた。人頭税の説明については水野勝之他（2018）も参照のこと。なお，第10章 3 . 1 ）については次の林野庁HPを参考とした。

https://www.rinya.maff.go.jp/j/keikaku/kankyouzei/kankyouzei_jouyozei.html

（18）本節は水野勝之他（2020）に基づく。

（19）本節は桜林（2010）（2013），水野他（2020）に基づく。

（20）朝日新聞「三菱電機，レーダー輸出へ『三原則』後，完成品は初」

https://news.goo.ne.jp/article/asahi/business/ASN3T7RT9N3LULFA04L.html

（21）本節は有馬晴海（2015a）（2015b）および次の資料に基づく。

SankeiBiz

「JA全中，改革で権限縮小　組織移行，65年の制度に幕」2019年10月 1 日

https://www.sankeibiz.jp/macro/news/191001/mca1910010500001-n1.htm

毎日新聞

「全中，一般社団法人に　農協改革，経営の自由度向上」2019年10月 1 日

https://mainichi.jp/articles/20191001/ddm/008/020/070000c

日経新聞

「農協60年ぶり改革　JA全中，指導権廃止を受諾」2015年 2 月 9 日付

https://www.nikkei.com/article/DGXLASFS09H7I_Z00C15A2MM8000/

（22）本節は，島田晴雄（2017），山田雄一朗（2019），山下一仁（2014）に基づく。

（23）「クロマグロ回復へ新規制　都道府県に漁獲枠，不満の声も」

朝日新聞デジタル　2018年 6 月27日

https://www.asahi.com/articles/ASL6Q5GKKL6QULFA02Q.html

（24）水野勝之（2005）p.253より。

（25）ここでの参考

「米 4 ～ 6 月期GDP，32・9 ％減…リーマン直後上回る最悪の落ち込み」

読売新聞オンライン　2020年 7 月30日

https://news.yahoo.co.jp/pickup/6366983

（26）参考文献の記事内容

「16年度の日本の防衛費のうち在日米軍関係経費は施設の借料，従業員の労務費，光熱水料，施設整備費，周辺対策などの駐留関連経費が3,772億円，沖縄の負担軽減を目的とする訓練移転費などのSACO関係経費が28億円，在沖縄海兵隊のグアム移転費，沖縄における再編事業などの米軍再編関係経費が1,766億円で，これらの総額は5,566億円だ。

　これに他省庁分（基地交付金など388億円，27年度予算），提供普通財産借上試算（1,658億円，27年度試算）を合わせると総額7,612億円となる。」
半田　滋（2016）「アメリカが「駐留費全額負担」を求めてきたら、こう言ってやればいい」現代ビジネスHP　2016年11月20日
https://gendai.ismedia.jp/articles/-/50232

(27) 次を参考とした。
「バイデン氏雇用最優先」日本経済新聞　2020年7月23日朝刊

(28)「大きな政府」と「小さな政府」の考え方をうまく組み合わせて使い分けた理論を前述のように新古典派総合という。トランプ氏，バイデン氏とも独自の臨機応変な新古典派総合政策をとっている。

174

参考文献

有馬晴海（2015a）「安倍首相の『本気』に屈した『農協』　農民から離れた全中の敗北は必然だった」東洋経済オンライン　2015年02月13日
https://toyokeizai.net/articles/-/60617

有馬晴海（2015b）「安倍首相の農協改革を過小評価するな『安倍VS農協』は『痛み分け』ではない」東洋経済オンライン　2015年02月14日
https://toyokeizai.net/articles/-/60620

岡部直明（2017）「中国顔負けの『金融社会主義』日本―国際金融センターが遠いわけ」日経ビジネスHP
https://business.nikkei.com/atcl/report/16/071400054/100200040/

蟹瀬誠一（2019）『ドナルド・トランプ　世界最強のダークサイドスキル』（プレジデント社）p.224

川西諭（2016）『知識ゼロからの行動経済学入門』（幻冬舎）p.172

小山田和代（2018）「食品ロス・食品廃棄物・食品リサイクル(2)　外食産業における食品ロス対策へのナッジの応用可能性」みずほ情報総研HP　2018年9月26日　環境エネルギー第1部
https://www.mizuho-ir.co.jp/publication/column/2018/kankyo0926.html

桜林美佐（2010）『誰も語らなかった防衛産業』（並木書房）p.225

桜林美佐（2013）『武器輸出だけでは防衛産業は守れない』（並木書房）p.198

島田晴雄（2017）「アベノミクス：第二次成長戦略：農業改革と課題」HUFFPOST　2017年04月11日
https://www.huffingtonpost.jp/haruo-shimada/agriculture-japan_b_9657212.html

田中友義（2010）「リーマン・ショック後のEUの景気・雇用情勢について」季刊国際貿易と投資　Summer 2010/No.80（下記HP内「季刊 国際貿易と投資」の項）
http://www.iti.or.jp/

西井泰之（2020）「コロナ禍で増える，日銀が『大株主』の企業ランキング〔300社・完全版〕」ダイヤモンド編集部　ダイヤモンドオンライン　2020年4月22日
https://diamond.jp/articles/-/235314

橋本之克（2020）『スゴい！　行動経済学』（総合法令出版）p.240

真壁昭夫（2016）「わが国の金融政策」キャリタスFINANCE
https://job.career-tasu.jp/finance/columns/pro002/016/

水野勝之（1997）『マクロ経済分析入門』（創成社）p.261

水野勝之（2000）『入門編テキスト経済数学』（中央経済社）p.163

水野勝之（2001）『どうなってるの！？　日本の経済』（中央経済社）p.228

水野勝之（2005）『マクロ経済学＆日本経済』（創成社）p.272

水野勝之（2006）『エコノミクス』（泉文堂）p.215

水野勝之，土居拓務，宮下春樹（2018）『余剰分析の経済学』（中央経済社）p.271

水野勝之，安藤詩緒，安藤潤，井草剛，竹田英司（2020）『防衛の計量経済分析』（五弦舎）p.143

山下一仁（2014）「農政改革（上）アベノミクス農業規制改革の本当の狙い」ダイヤモンドオンライン　2014年7月29日
https://www.canon-igs.org/column/macroeconomics/20140812_2694.html

山田雄一朗（2019）「『減反政策』の廃止で，日本の稲作はどう変わったのか」SMART AGRI HP 2019年8月27日
https://smartagri-jp.com/agriculture/247

山谷悠紀夫（2019）『日本経済30年史―バブルからアベノミクスまで―』（岩波書店）p.234，p.316

HPの経済書およびHP記事（ここに挙げていないものは，本文および巻末注に記載）

COREECON　THE CORE TEAM（2017）
http://www.core-econ.org/

「今だから聞けるリーマン・ショックの深層，その本当の原因に迫る」わらしべ瓦版　2019年7月
http://www.am-one.co.jp/warashibe/article/chiehako-20190702-1.html

「アイルランド危機」iFinance HP
https://www.ifinance.ne.jp/glossary/world/wor014.html

HR NOTE「3年以内の若者の離職率は約3割！　なぜ，早期離職は減らないのか？」
https://hrnote.jp/contents/b-contents-sokirisyoku-180803/

[著者紹介]

水野　勝之（みずの　かつし）

明治大学商学部教授，博士（商学）。早稲田大学大学院経済学研究科博士後期課程単位取得満期退学。『ディビジア指数』創成社（1991年），『新テキスト経済数学』中央経済社（2017年，共編著），『余剰分析の経済学』中央経済社（2018年，共編著），『林業の計量経済分析』五絃舎（2019年，共編著），『防衛の計量経済分析』五絃舎（2020年，共編著），『コロナ時代の経済復興』創成社（2020年，共編著）その他多数。

基本経済学視点で読み解くアベノミクスの功罪

2021年4月1日　第1版第1刷発行

著　者　水　野　勝　之
発行者　山　本　　　継
発行所　㈱中 央 経 済 社
発売元　㈱中央経済グループ
　　　　パ ブ リ ッ シ ン グ

〒101-0051　東京都千代田区神田神保町1-31-2
電　話　03 (3293) 3371 (編集代表)
　　　　03 (3293) 3381 (営業代表)
https://www.chuokeizai.co.jp
製版／三英グラフィック・アーツ㈱
印刷／三 英 印 刷 ㈱
製本／㈲ 井 上 製 本 所

© 2021
Printed in Japan

＊頁の「欠落」や「順序違い」などがありましたらお取り替えいたしますので発売元までご送付ください。（送料小社負担）

ISBN978-4-502-37811-9　C3033